9Marks | Serie Primeros Pasos

ENTRENAMIENTO

¿CÓMO PUEDO CRECER COMO CRISTIANO?

ISAAC ADAMS

SERIE EDITADA POR MEZ MCCONNELL

ESPAÑOL
NASHVILLE, TN

Entrenamiento: ¿Cómo puedo crecer como cristiano?

Copyright © 2022 por Isaac Adams

Todos los derechos reservados.
Derechos internacionales registrados.

B&H Publishing Group
Nashville, TN 37234

Diseño de portada: Rubner Durais

Director editorial: Giancarlo Montemayor
Editor de proyectos: Joel Rosario
Coordinadora de proyectos: Cristina O'Shee

Clasificación Decimal Dewey: 248.84
Clasifíquese: VIDA CRISTIANA / VIDA ESPIRITUAL / DISCIPULADO

Ninguna parte de esta publicación puede ser reproducida ni distribuida de manera alguna ni por ningún medio electrónico o mecánico, incluidos el fotocopiado, la grabación y cualquier otro sistema de archivo y recuperación de datos, sin el consentimiento escrito del autor.

A menos que se indique de otra manera, las citas bíblicas marcadas NVI se tomaron de La Santa Biblia, Nueva Versión Internacional®, © 1999 por Biblica, Inc. ®. Usadas con permiso. Todos los derechos reservados.

Las citas bíblicas marcadas RVR1960 se tomaron de la versión Reina-Valera 1960 ® © 1960 por Sociedades Bíblicas en América Latina; © renovado 1988 Sociedades Bíblicas Unidas. Usadas con permiso. Reina-Valera 1960 ® es una marca registrada de las Sociedades Bíblicas Unidas y puede ser usada solo bajo licencia.

ISBN: 978-1-0877-4876-4

Impreso en EE. UU.
1 2 3 4 5 * 25 24 23 22

El pastor Isaac Adams ha escrito un libro sobre temas importantes. Además, es un libro que es genuino, bueno, sencillo, claro y lleno de consejos prácticos para el nuevo creyente. Algunas de estas enseñanzas son escasas en la actualidad. Y viene acompañado de una historia sorprendentemente profunda. En general, una herramienta que vale la pena conocer y usar.

Mark Dever

Pastor principal de Capitol Hill Baptist Church,
Washington D. C.

Este libro sobre ejercitarse para la piedad es relevante para los cristianos, no solamente en Occidente, sino también en Oriente. Gracias, hermano, por escribir este libro para ayudar a los cristianos a entender la importancia de ejercitarse para la piedad. Has desafiado a los creyentes a procurar la piedad sin caer en la trampa del legalismo. Los lectores se sentirán alentados a trabajar duro para ser más semejantes a Cristo, descansando y confiando en la abundante gracia disponible para nosotros. Este libro será aleccionador tanto para cristianos experimentados como para quienes son nuevos en la fe. Mi oración es que el Señor use este libro para ayudar a creyentes en todo el mundo a crecer en piedad y madurez.

Harshit Singh

Pastor de Satya Vachan Church, India

Muchos nuevos creyentes desean ser discipulados, pero han sido rechazados por hermanos más maduros con un despectivo «no sé cómo» o «no tengo tiempo». Esta brecha deja a los nuevos creyentes buscando a tientas la madurez espiritual a través de pruebas y errores dolorosos, anhelando comunión, compañía y orientación más sabia. El libro de Isaac Adams, claramente explicado y bíblicamente sólido, interrumpe el ciclo de apatía del discipulado, y nos brinda amplias técnicas para la oración, el evangelismo, la iglesia, la comunión y más. A todos nos vendría bien un repaso sobre el *Entrenamiento* y hacer caso a su exhortación a «ejercitarnos para la eternidad», ayudándonos unos a otros a vivir más sabiamente hoy.

K. A. Ellis

Director de The Center for the Study of the Bible and Ethnicity
Reformed Theological Seminary, Atlanta

No podemos obligar a Dios a darnos de Su gracia, pero podemos situarnos en los senderos donde a Él le encanta darla. Deja que Isaac Adams sea tu guía hacia el crecimiento espiritual como un regalo divino y un llamado para todos los que proclaman el nombre de Cristo.

David Mathis

Director ejecutivo de desiringGod.org
Pastor de Cities Church, Minneapolis/St Paul
Autor, *Habits of Grace: Enjoying Jesus through the Spiritual Disciplines* [Hábitos de la gracia: Disfrutando a Jesús a través de las disciplinas espirituales]

CONTENIDO

Prefacio 7
Introducción a la serie 9
Conoce a Jason 11
Introducción: Prepárate para el entrenamiento ... 13

Entrenamiento personal

Capítulo 1. El discipulado: Seguir a Jesús ... 21

Capítulo 2. La Biblia: Escuchar a Dios
(Parte 1) 37

Capítulo 3. Escuchar a Dios (Parte 2) 49

Capítulo 4. La oración: Hablar con Dios.... 61

Capítulo 5. La adoración: Vivir para Dios... 79

Entrenamiento público

Capítulo 6. La iglesia: Amar a tu familia... 93

Capítulo 7. Evangelismo:
Amar a los perdidos 113

Conclusión: ¡Nunca te recuperes! 127

Para Avett Adams,
*Que puedas llegar a conocer a Jesús,
y que nunca te recuperes.*

Prefacio

Crecí con una vida bastante buena: tenía a mis dos padres y vivía en un área aceptable de Washington D. C. Sin embargo, cuanto más crecía, más veía que al sufrimiento no le importa dónde vives. A todos nos llega. Está en todos.

En cuanto a conocer a Jesús, en mi caso podía hablar del evangelio antes de haber creído en él. Crecí pensando que era cristiano porque hacía, o intentaba hacer, ciertas cosas. Iba a la iglesia y leía la Biblia. Fui a una escuela cristiana y obtuve buenas calificaciones. Nada de esto era malo a simple vista, pero en el fondo había un corazón malo. Verás, aunque sabía de Dios, no conocía a Dios, y eso se hizo evidente cuando fui a la universidad. Pero también fue cuando Dios, en Su misericordia, derribó mi mundo. Mi orgullo quedó aplastado y mi familia se separó. No obstante, Dios también abrió mis oídos. Escuché la predicación del evangelio, me arrepentí y creí en Jesús. Me alegro, porque aprendí que el cristianismo se centra más en lo que Jesús ha *hecho* y no en lo que yo hago.

En la facultad, estudié periodismo. Siempre me gustó escribir y amo alentar a las personas a que conozcan a Jesús. Cuando me pidieron que escribiera este libro, pensé que sería una buena oportunidad para hacer ambas cosas, especialmente para esas personas que conocen el sufrimiento. Es principalmente a ellos a quienes los editores quieren que sirva esta serie de libros. Un pastor una vez me dijo que, en lo que a iglesias y a recursos cristianos se refiere, «a las personas de los barrios más humildes siempre se les dan las sobras». Por tanto, he intentado hacer que este libro sea un plato principal para la gente de allí. Después de todo, si las personas, creadas a imagen de Dios, están rotas y sangrando al lado del camino, los cristianos deben ayudar. No importa qué vecindario atraviese ese camino, los cristianos deben amar sabia y urgentemente a su prójimo. Por supuesto, yo no puedo salvar a nadie, solamente Jesús puede hacerlo, así que oro para que este libro te ayude no solo a saber de Él, sino a conocerlo mientras te ejercitas para la eternidad.

Antes de terminar esta nota, debo agregar algo más, porque nadie se hace a sí mismo y ningún libro se hace solo. Quiero agradecer a los amigos que ayudaron con este proyecto y a Capitol Hill Baptist Church, que me ha enseñado tanto. A Megan, mi querida esposa, tu paciencia cuando escribo me sorprende. No tengo palabras, así que tan solo diré una: gracias.

Romanos 3:16.

Isaac Adams
Washington, D.C.
2019

Introducción a la serie

La serie *Primeros pasos* ayudará a capacitar a las personas de un entorno no eclesiástico a dar los primeros pasos para seguir a Jesús. Llamamos a esto «el camino al servicio», ya que creemos que todo cristiano debería ser capacitado para servir a Cristo y a su Iglesia sin importar sus antecedentes o experiencia.

Si eres líder en una iglesia y ejerces el ministerio en lugares difíciles, utiliza estos libros como una herramienta para ayudar a que aquellos que no están familiarizados con las enseñanzas de Jesús se conviertan en nuevos discípulos. Estos libros los ayudarán a crecer en carácter, conocimiento y acción.

Si eres nuevo en la fe cristiana, y todavía luchas con entender qué es ser un cristiano, o lo que la Biblia realmente enseña, entonces esta es una guía fácil para dar tus primeros pasos como seguidor de Jesús.

Existen muchas maneras de utilizar estos libros.

- Los puede usar una persona que simplemente lea el contenido y trabaja en las preguntas por sí misma.
- Se pueden usar en un contexto individual, donde dos personas lean el material antes de reunirse y luego discutan juntos las preguntas.
- Se pueden usar en un contexto de grupo, donde un líder presente el material como una conversación, deteniéndose para tener una discusión de grupo durante la misma.

Tu contexto determinará la mejor manera de utilizar este recurso.

GUÍA DEL USUARIO

A lo largo de los estudios, encontrarás los siguientes símbolos:

LA HISTORIA DE JASON: Al inicio de cada capítulo conocerás a Jason y escucharás algo relacionado a su historia y lo que ha estado sucediendo en su vida. Queremos que tomes lo que hemos aprendido de la Biblia y descubras qué diferencia haría en la vida de Jason. Así que, cada vez que veas este símbolo, escucharás algo más sobre la historia de Jason.

ILUSTRACIÓN: A través de ejemplos y escenarios de la vida real, estas secciones nos ayudarán a entender los puntos a desarrollarse.

DETENTE: Cuando lleguemos a un punto importante o difícil, te pediremos que hagas una pausa y pases un tiempo reflexionando o conversando sobre lo que acabamos de aprender.

LEE 3X: La Biblia es la Palabra de Dios para nosotros y, por tanto, es la palabra final para nosotros en todo lo que debemos creer y en la forma en la cual debemos actuar. Por ello, queremos leer la Biblia primero, y queremos leerla cuidadosamente. Así que, cada vez que veas este símbolo, debes leer o escuchar el pasaje bíblico tres veces. Si la persona con la que estás leyendo la Biblia se siente cómoda, pídele que lo lea al menos una vez.

VERSÍCULO PARA MEMORIZAR: Al final de cada capítulo sugeriremos un versículo de la Biblia para memorizar. Hemos encontrado que la memorización de la Biblia es realmente efectiva en nuestro contexto. El versículo (o versículos) se relacionará directamente con lo que hemos abordado en el capítulo.

RESUMEN: Asimismo, al final de cada capítulo hemos incluido un breve resumen del contenido de ese capítulo. Si estás estudiando el libro con otra persona, puede ser útil que revises esta sección para recordar lo estudiado la semana anterior.

Conoce a Jason

Jason es un joven que recientemente se arrepintió de sus pecados y creyó en Jesús, así que Jason se convirtió en cristiano hace poco tiempo. Su conversión al cristianismo fue un acontecimiento puntual, algo que solo sucede una vez. Pero Jason se está dando cuenta de que, como John Stott dijo: «*Convertirse* en cristiano es una cosa; *ser* cristiano es otra».[1] Jason se está percatando de que, como cristiano, ahora toda su vida gira alrededor de Jesús. Pero si es sincero, no está seguro de cómo debería ser esta nueva vida. Solía salir y emborracharse los fines de semana. Ahora no sabe qué hacen los cristianos los viernes por la noche. Se pregunta: «¿Cómo crezco como cristiano?».

---

1. Stott, John: *Being a Christian* [Ser cristiano], p. 3 (Leicester: InterVarsity Press, 1957).

Introducción: Prepárate para el entrenamiento

En este libro veremos cómo la Biblia dice que debe vivir y crecer un cristiano. **Este libro trata sobre trabajar por algo.**

ILUSTRACIÓN

¿Qué tienen en común Michael Jordan y una hormiga? ¿Qué es lo que comparte el mejor jugador de baloncesto con una de las criaturas más pequeñas de la naturaleza? Aquí está la respuesta: ambos se ejercitan para conseguir un resultado determinado. Jordan entrenó implacablemente para ser un gran jugador de baloncesto, y la hormiga trabaja para conseguir comida. La Biblia dice que la hormiga demuestra cómo es trabajar duro.

«Ve a la hormiga, oh perezoso, mira sus caminos, y sé sabio; la cual no teniendo capitán, ni gobernador, ni señor, prepara en el verano su comida, y recoge en el tiempo de la siega su mantenimiento» (Prov. 6:6-8).

Sin embargo, no vamos a hablar del entrenamiento de baloncesto, o de cuán duro trabajan los insectos, **y eso se debe a que este libro trata sobre ejercitarnos para ser piadosos**.

Una persona piadosa es alguien de quien se espera que viva como Dios ordena vivir a los cristianos. La Biblia ordena a los buenos siervos de Jesús que se ejerciten para vivir de esta manera.

«Ejercítate para la piedad» (1 Tim. 4:7).

> **DETENTE**
> *¿Cómo te suena trabajar para ser piadoso?*

Tenemos buenos instructores de nuestro lado para ayudarnos en nuestro entrenamiento. Tal vez no conozcas sus nombres, pero no te preocupes, recibirás el consejo de pastores y maestros cristianos sabios, del pasado y del presente.

Pero antes de que escuchemos más de ellos, debemos recordar algo:

> **Los cristianos no viven vidas piadosas para *ser* salvos;**
> **viven vidas piadosas porque *han sido* salvados.**

Una vida piadosa es siempre el resultado de la salvación, nunca el medio para ganar la salvación. Este punto es crucial porque este libro se centra en el crecimiento espiritual. Cuando las personas se enfocan en su crecimiento espiritual, a menudo sienten la tentación de pensar que Dios los querrá más si se comportan mejor. Quizás has oído a personas decir: «Dios ayuda a los que se ayudan». Aunque esa frase suena terriblemente religiosa, en realidad es una mentira espantosa. Ese dicho promete que Dios te amará si tan solo comienzas a portarte un poco mejor. Sin embargo, la buena noticia de Jesús, lo que se conoce como «el evangelio», dice otra cosa.

El evangelio dice que Dios, nuestro Creador, es tan bueno que no pasará por alto ningún pecado. El pecado es nuestra rebelión en contra de Dios, y nos rebelamos porque, al igual que todas las personas, nacimos siendo pecadores (Sal. 51:5; Rom. 3:23). Podríamos pensar en nuestro problema de la siguiente forma:

El pecado es la enfermedad con la que todos nacemos, y el síntoma es que nos rebelamos contra Dios.

Con mucha frecuencia, hacemos, pensamos, sentimos, decimos y queremos lo que queremos en lugar de lo que Dios quiere. Somos completamente responsables por nuestros pecados y el evangelio dice que todas las personas son tan pecaminosas, tan enfermas, que nos es imposible limpiarnos lo suficiente para Dios. *No podemos curarnos de nuestra enfermedad.* Podemos parecer unos santurrones frente a nuestros amigos y familiares, tal vez incluso frente al espejo. Pero mientras estemos espiritualmente muertos, somos pecadores delante de nuestro Dios.

> Estamos bajo Su juicio,
>   y merecemos morir
>   y sufrir bajo Su justa ira
>   para siempre.

Este es el castigo que merecemos por nuestros pecados.

Pero el evangelio no termina allí, y realmente sería una mala noticia si lo hiciera. La buena noticia de Jesús realmente es buena porque dice que Dios ayuda a los que *no pueden* ayudarse. Él sana a los que no pueden curarse a sí mismos. Dios ha hecho eso al:

**enviar a Su Hijo Jesús
  para vivir la vida que nosotros deberíamos haber vivido
y morir la muerte en la cruz que nosotros merecíamos.**

Después de Su muerte, Jesús resucitó de entre los muertos para que todo el que crea en Él para salvación y se aparte de sus pecados sea perdonado de sus pecados y reciba la vida eterna. ¡Esta es la buena noticia: «... *gracias a sus heridas* [las de Jesús] *fuimos sanados*»! (Isa. 53:5, NVI). Y a Dios no le basta con sanarnos; Él hace que crezcamos como personas espiritualmente sanas. ¡Alabado sea Dios, Él nos *ordena* que seamos piadosos y nos *ayuda* a serlo!

«Lleven a cabo su salvación con temor y temblor, pues Dios es quien produce en ustedes tanto el querer como el hacer para que se cumpla su buena voluntad» (Fil. 2:12-13, NVI).

Amigos, *la gracia de Dios nos enseña* (Tito 2:11-12). Toda buena obra que hagamos demuestra la buena obra de Dios en nosotros, por lo que con agradecimiento dependemos de Su fortaleza y no de la nuestra, y le rendimos toda la alabanza por nuestra piedad.

> *El mundo dice:*
> *«Dios ayuda a los que se ayudan».*
> *El evangelio dice:*
> *«Dios ayuda a los que no pueden ayudarse».*

Por tanto, el mensaje de este libro no es: «Practica estos principios cristianos y serás una mejor persona». La esperanza del cristiano no es que la práctica lleva a la perfección, sino que *Jesús lleva a la perfección. Cuando creemos en Jesús, Dios nos declara inocentes de todos nuestros pecados*. Él nos ve como ve a Jesús: Su Hijo perfecto.

¿Crees que todo esto suena demasiado bueno para ser verdad? Algunas personas no necesitan el recordatorio de que no pueden ganarse el amor de Dios. Saben que son pecadoras, pero creen que son tan pecadoras que Dios jamás las querría. Pero este es el problema con esa forma de pensar: aún supone que Dios nos quiere por lo que somos. Pero la Biblia dice que el amor de Dios no se basa en nosotros. En cambio, el amor de Dios se basa en Su libre elección de amarnos (Deut. 7:7-9; Ef. 2:4-5). El evangelio nos asegura que Su amor está garantizado por lo que Jesús ha *hecho* y no por lo que nosotros *hacemos*.

> ¿Ves cómo a través del evangelio **Dios ofrece esperanza** a *todo tipo* de personas?

Él ofrece esperanza a los que tienen un alto concepto de sí mismos, personas que creen que pueden alcanzar a Dios por su buen comportamiento.

Pero Dios también ofrece esperanza a los que tienen un bajo concepto de sí mismos, personas que creen que Dios jamás las alcanzaría por su mal comportamiento.

Aquellos que tienen un alto concepto de sí mismos a menudo son **perfeccionistas** que *se preocupan demasiado por su comportamiento perfecto*. Aquellos que tienen un bajo concepto de sí mismos a menudo son **imperfeccionistas** que *se preocupan demasiado por su comportamiento imperfecto*.

> Los **perfeccionistas** con frecuencia miden su relación con Dios según lo obedientes que han sido recientemente.

> Los **imperfeccionistas** con frecuencia se sienten indignos ante Dios porque nunca dejan de mirar sus fracasos, y piensan que Dios tampoco dejará de hacerlo.

Pero cuando mantenemos nuestros ojos en Jesús, mantenemos nuestra mirada puesta en la única persona que nos hace aceptables ante Dios. Ya no tenemos que temer el rechazo de Dios, y esa verdad debería animarnos para crecer en piedad.

Recuerda 1 Timoteo 4:7. Dice que la piedad no viene sin entrenamiento (comp. Heb. 5:14). En otra parte de la

Biblia, cuando se habla sobre ejercitarnos para la piedad, Pablo usa ejemplos de deportes. Dice que él practica:

> como una atleta que se disciplina a sí mismo, como un corredor que corre una carrera (1 Cor. 9:24-27).

Una de las principales metas de esa carrera es convertirse en un cristiano maduro (Col. 1:28-29).

JASON

Aunque es adulto, Jason es un cristiano en pañales. Es nuevo en la fe, un principiante. Y como todo el que es nuevo en algo, Jason tendrá que recibir la ayuda de otros, aprender los principios básicos y ponerlos en práctica para descifrar lo que intenta hacer. Algunos días este entrenamiento puede ser duro. Algunos días, es posible que Jason incluso quiera renunciar. Además, Jason, al igual que el resto de nosotros, sigue *luchando con el pecado y la debilidad*. Y como si nuestro pecado no fuera suficiente, algunos de nosotros nos encontramos en circunstancias hostiles, que hacen que obedecer a Dios sea aún más difícil (Ex. 6:9).

Ciertamente, al igual que Michael Jordan, Jason está descubriendo que no hay crecimiento sin dolor y práctica. Como lo expresó J. C. Ryle: «No hay ganancia espiritual sin dolor».[1]

Pero a diferencia de Michael, Jason no se ejercita para su propia grandeza; se ejercita para conocer y disfrutar más de la grandeza de Dios. Y eso hace que el entrenamiento valga la pena, porque por medio de él podemos

---

1. Ryle, J. C.: *Holiness*, p. 25 (Moscow, ID: Charles Nolan Publishers, 2001) [Libro también disponible en español: *La santidad* (Editorial Peregrino, 2013)].

disfrutar a Dios en esta vida, al mismo Dios que disfrutaremos eternamente en la próxima vida. La vida cristiana se trata de muchas cosas, pero en un sentido importante, se trata de **prepararse para el cielo**.

> Ryle dijo que Dios nos puso en la tierra «*para ejercitarnos para la eternidad*».[2]

¿Cómo es ese entrenamiento? Nuestro amigo Jason se pregunta exactamente eso.

---

2. Ryle, J. C.: *Thoughts for Young Men*, p. 43 (Carlisle, PA: Banner of Truth, 2015) [Libro también disponible en español: *Pensamientos para jóvenes* (Cristianismo Histórico, 2000)].

¿CUÁL ES EL PUNTO?

Los seguidores de Jesús aman a Dios y a su prójimo.

CAPÍTULO 1

El discipulado: Seguir a Jesús

> **JASON**
>
> Jason no tenía mucho dinero de pequeño. Cuando era niño, su papá los abandonó a él, a su hermano mayor y a su madre, y se llevó el dinero de la familia. Por lo que ni Jason ni su hermano pudieron costearse videojuegos o bicicletas lujosas. Sin embargo, descubrieron que no necesitaban dinero para divertirse. Mientras jugaban con su amigo del vecindario, Chip, llegaron a amar otros juegos, especialmente «sigan al líder». El juego era gratis y fácil. Se nombraba a alguien como cabeza de la fila, y todos los demás tenían que seguir a la cabeza y hacer lo que esta hacía; si no lo hacían, perdían.

En este capítulo, vamos a responder dos preguntas. **La primera pregunta es: «¿Qué es un discípulo?»**. El juego que Jason jugaba de niño indica la respuesta: *Un discípulo es alguien que sigue a su líder*. Ser un discípulo de Jesús es ser un seguidor de Jesús.

Un discípulo es un seguidor.

Si bien el juego de la infancia de Jason nos dio una ilustración básica de un discípulo, también consideremos lo que dice la Biblia sobre ser un discípulo. Después de todo, no solo queremos pensar de manera básica, sino de una manera *bíblicamente* básica.

> **DETENTE**
>
> ¿Cómo crees que luce seguir a Jesús?

Al observar la Biblia, Carl Ellis, Jr. definió lo que significa ser un discípulo de Jesús de esta forma: «Un discípulo es alguien en el proceso de aprender todas las cosas que Cristo ordena».[1] En otras palabras, un discípulo es un estudiante. La definición proviene de las últimas instrucciones de Jesús a Sus discípulos. En Mateo 28:18-20, Jesús dijo:

«Y Jesús se acercó y les habló diciendo: Toda potestad me es dada en el cielo y en la tierra. Por tanto, id, y haced discípulos a todas las naciones, bautizándolos en el nombre del Padre, y del Hijo, y del Espíritu Santo; enseñándoles que guarden todas las cosas que os he mandado; y he aquí yo estoy con vosotros todos los días, hasta el fin del mundo. Amén» (NVI).

Con estas palabras, Jesús estaba diciendo a Sus discípulos: «Yo soy el líder. Vayan y hagan más discípulos y enséñenles que me sigan, como yo les he ordenado a ustedes seguirme». Dado que para ser un discípulo se necesita aprender de otros discípulos, nadie puede ser un discípulo por su cuenta. Un discípulo solitario es una contradicción de términos.

Un discípulo es un estudiante.

---

1. Carl Ellis, Jr: https://twitter.com/CarlEllisJr/status/931142058353549312.

Isaac Adams

> **JASON**
>
> Jason ha descubierto que, aunque seguir a Jesús es algo personal, no es privado. De hecho, seguir a Jesús es algo bastante público. Así como no hay discípulos solitarios, tampoco hay discípulos secretos. Los discípulos deben mostrar cómo es Dios. Se supone que debemos ser vallas publicitarias que puedes ver, no ninjas que no puedes ver.

Jason está aprendiendo a seguir a Jesús públicamente. Conoce a la Sra. Pearl desde hace mucho tiempo. Ella era vecina de su familia mientras crecía, y es dueña de una tienda en el vecindario. Aunque Jason siempre asistió a la iglesia con su madre, Marie, la Sra. Pearl trata a Jason diferente ahora que es cristiano. Cuando lo ve en el pasillo, lo toma suavemente de la muñeca y le pregunta:

—Hermano, ¿estás animado en el Señor?

—Eh, eso creo —suele responder Jason, sin saber a qué se refiere la Sra. Pearl.

—Entonces eso es una victoria —responde la Sra. Pearl antes de alejarse cojeando.

Algunos de los muchachos que Jason está conociendo en la iglesia, como Eddy, incluso le hacen preguntas sobre su pecado, y a Jason le avergüenza un poco responder. Nunca preguntan para avergonzarlo, pero las preguntas parecen palas espirituales que cavan en la suciedad de Jason.

Además de todo esto, los amigos y familiares de Jason, que no son cristianos, siguen preguntándole por qué no hace algunas de las cosas que solía hacer. Algunos amigos, como Chip, preguntan porque realmente desean saber qué produjo este cambio. A Chip le parece extraño pero atractivo que Jason siga a Jesús. No puede describirlo, pero la nueva vida de Jason tiene un aire diferente, y le agrada. Chip incluso ha visto la manera en que Eddy trata a Jason, y eso le ha impactado.

—No sé cómo Dios trata a las personas —le dijo Chip a Jason—, pero siento que sería como Eddy te trata a ti.

El hermano de Jason, por otro lado, es Alexander; Chip y Jason siempre lo han llamado Alex, o Al, como diminutivo. Al probó el cristianismo cuando era niño, pero ahora básicamente lo odia. Solía hacerle preguntas a Jason relacionadas con seguir a Jesús, pero no de manera seria: «Oye, ¿cómo está tu nueva esposa Jesús?», preguntaba Al, burlándose de la nueva vida de Jason. Al quiere al antiguo Jason de regreso, no a este chico nuevo. A diferencia de Chip, Al piensa que obedecer a Jesús huele a muerte, y no quiere tener nada que ver con eso. De hecho, Al incluso ha comenzado a ignorar a Jason.

Todos los cristianos tienen que aprender las lecciones básicas que Jason está aprendiendo. Por tanto, este libro se divide en dos partes:[2]

entrenamiento personal

y

entrenamiento público

En la primera parte, veremos los hábitos que un discípulo de Jesús practica de manera individual para ejercitarse para la piedad, y en la segunda parte, veremos los hábitos que un discípulo practica con otras personas para ejercitarse para la piedad. Los hábitos que formamos para ejercitarnos para la piedad a menudo reciben el nombre de disciplinas espirituales.[2] Comenzamos con el entrenamiento personal porque la vida cristiana inicia con la decisión personal de seguir a Jesús. Además,

---

2. Algunos cristianos prefieren el término «medios de gracia» en lugar de «disciplinas espirituales» para reflejar el hecho de que la obra de Dios en nosotros es lo más importante para nuestra piedad.

es difícil ayudar a otros a hacer algo que tú no estás haciendo.

ILUSTRACIÓN

Un guardavidas no puede salvar a nadie si no sabe cómo nadar. Lo mismo sucede con los cristianos: debemos seguir a Jesús antes de ayudar a otros a hacer lo mismo.

¿Tenemos que saberlo todo o ser perfectos antes de enseñar a otros? De ninguna manera. ¿Significa eso que tenemos una excusa para no ayudar a otros? De ninguna manera. Simplemente debemos seguir a Jesús antes de guiar a otros a hacer lo mismo.

Pero digamos que Jason entiende este punto, y todavía sigue con la duda: «¿Cómo es realmente obedecer todo lo que Jesús ha ordenado?». Esa es nuestra segunda pregunta en este capítulo. Puede parecer abrumador pensar en obedecer *todos* los mandamientos de Jesús. Jason ni siquiera está muy seguro de dónde encontrarlos, y no pasa nada. ¡Recuerda que es un principiante!

Los cristianos encuentran todo lo que Jesús ha ordenado en la Biblia, y Jesús ha sido lo suficientemente bondadoso para resumir lo que Dios nos exige en dos mandatos básicos:

«*Amarás al Señor tu Dios con todo tu corazón, y con toda tu alma, y con toda tu mente. Este es el primero y grande mandamiento. Y el segundo es semejante: Amarás a tu prójimo como a ti mismo*» (Mat. 22:36-39).

Estos dos mandatos serán nuestro enfoque para el resto de este capítulo. **¿Qué significa para los discípulos obedecer todo lo que Cristo ha ordenado?** Significa amar a tu Dios y amar a tu prójimo. Si Jason va a ejercitarse para seguir a Jesús, debe, confiando en la gracia de Dios, trabajar duro para hacer ambas cosas.

LOS DISCÍPULOS DE JESÚS AMAN A DIOS

Al leer la Biblia y escuchar su enseñanza en la iglesia, Jason está aprendiendo lentamente que cuando Dios habla del amor, en realidad se refiere a lo opuesto de lo que el mundo se refiere. El mundo nos dice que el amor es como un arcoíris, que da la sensación de tener mariposas en el estómago y que llega fácil, rápido y sin esfuerzo.

> Pero la Biblia nos dice que el amor puede ser difícil,
> trabajo lento,
> y en este mundo,
> el amor puede doler.

Después de todo, considera la crucifixión de Jesús: cuán amorosa y, sin embargo, cuán dura, desagradable y dolorosa. El mundo dice que el amor es un sentimiento que se centra en nosotros mismos: en cuán felices somos, cuán felices nos hacen las cosas o las personas. Y aunque Dios se preocupa profundamente por nuestra felicidad, Jason está aprendiendo que Dios debe estar en el centro de ella.

JASON

Jason está comenzando a entender que el amor de un discípulo hacia Dios se ve más claramente en el hecho de si obedece o no a Dios como muestra de gratitud por lo que ha hecho por él. Jesús dice: «*El que me ama, obedecerá mi palabra*» (Juan 14:23, NVI).

Pero hay un problema: Jason desobedece a Jesús algunas veces porque, al igual que todos los cristianos, todavía peca. Por tanto, al igual que *todos los cristianos*, Jason necesita *arrepentirse regularmente*.

Jesús ordena a todos practicar esta disciplina espiritual llamada arrepentimiento:

Isaac Adams

«Desde entonces comenzó Jesús a predicar, y a decir: Arrepentíos, porque el reino de los cielos se ha acercado» (Mat. 4:17).

El arrepentimiento consiste en volverse del pecado a Dios. Espiritualmente hablando, el arrepentimiento es...

caminar en una dirección y

dar la vuelta para caminar en otra dirección.

El arrepentimiento es una transferencia de lealtad: una persona arrepentida se asocia con Jesús en lugar de su pecado. El arrepentimiento es la otra cara de la moneda de la fe. Según la Palabra de Dios, la fe no consiste en sentarse y esperar que todo vaya bien. No es una confianza ciega. Al contrario, la fe es estar convencidos de nuestra esperanza como cristianos y seguros de lo que no podemos ver (*comp.* Heb. 11:1). Es creer en Dios y Sus promesas, y esta convicción nos lleva a la acción. Una de esas acciones fundamentales es el arrepentimiento.

JASON

Jason se arrepintió cuando se convirtió en cristiano; se alejó *de* sus pecados y se volvió *a* Jesús en fe. Sin embargo, aunque Jason se convirtió en cristiano una sola vez, está aprendiendo que el arrepentimiento no es un acontecimiento puntual. Forma parte regular de la vida cristiana.

Un reconocido maestro de la Biblia llamado Martín Lutero dijo: «Cuando nuestro Señor y Maestro Jesucristo dijo: "Arrepentíos" en Mateo 4, quería que toda la vida de los creyentes fuera una de arrepentimiento».[3] Dicho de otra forma, **arrepentirse es lo que el pueblo de Dios hace en esta vida**. Jason no se arrepentirá de cada pecado que cometa. Ningún cristiano ve el pecado así de claro.

---

3. Lutero, Martín: «*Las 95 tesis*».

Pero Jason todavía se pregunta: *¿Cómo se ve el arrepentimiento en la práctica?* He aquí una respuesta: en la confesión.

> **DETENTE**
>
> ¿Qué es el arrepentimiento? ¿Cuán a menudo se arrepienten los discípulos de Jesús? ¿De cuáles pecados debes arrepentirte tú?

Con la confesión, la Biblia no quiere decir que debes sentarte en un cubículo y hablar con un sacerdote. La Biblia se refiere a admitir nuestros pecados ante Dios y pedir Su perdón. Reflexionaremos más sobre cómo hacer esto en el capítulo sobre la oración.

Por ahora, es necesario decir que la confesión verdadera no es simplemente decir «perdón» y seguir adelante con la vida. La confesión verdadera no es solo estar tristes porque nuestros pecados nos metieron en algún tipo de problema, y ahora tenemos que enfrentar las consecuencias. Esa clase de arrepentimiento es lo que la Biblia llama la «tristeza del mundo». La confesión verdadera, por otro lado, se caracteriza por la *tristeza que es según Dios*, que significa estar genuinamente tristes porque nuestros pecados ofenden a Dios. La Biblia dice que la tristeza del mundo nos lleva a una vida *sin* Dios. La tristeza que es según Dios nos lleva a una vida *con* Él, «*Porque la tristeza que es según Dios produce arrepentimiento para salvación, de que no hay que arrepentirse; pero la tristeza del mundo produce muerte*» (2 Cor. 7:10).

En lugar de muerte, el evangelio ofrece a los cristianos esperanza:

> *si confesamos nuestros pecados,*
> *sin importar qué pecado cometamos,*
> **podemos confiar en que Dios nos perdona**

El arrepentimiento verdadero exige como *mínimo* una confesión, y como nuevo discípulo, Jason debe comenzar aquí. A medida que Jason se ejercita a través de la confesión y el arrepentimiento regular, con la ayuda de Dios, crecerá en su odio hacia el pecado porque está amando cada vez más a Dios con todo su ser. Este es el primero y grande mandamiento.

LOS DISCÍPULOS DE JESÚS AMAN A SU PRÓJIMO

«*Y el segundo* [mandamiento] *es semejante:* —dijo Jesús— *Amarás a tu prójimo como a ti mismo*» (Mat. 22:39). Jesús ordenó a Sus discípulos amar a Dios y a su prójimo. Cuando Jason escuchó ese mandamiento, se preguntó: «¿Quién es mi prójimo?». Un intérprete de la ley le hizo una vez a Jesús la misma pregunta.

En Lucas 10:30-37, Jesús respondió esa pregunta con la parábola del buen samaritano. Describió a un hombre que fue golpeado y dado por muerto; la Biblia dice que el hombre estaba «medio muerto». Pensarías que las personas realmente religiosas que vieron al hombre lo ayudarían, pero pasaron de largo. Sin embargo, otra persona se acercó al hombre, y era alguien que el hombre no habría esperado o respetado; era alguien que el hombre habría considerado un enemigo. Pero en lugar de acercarse para *lastimar* al hombre medio muerto, el enemigo vino a *servirle*.

A diferencia de la gente religiosa que pasó junto al hombre moribundo, el enemigo cuidó de él. Jesús usó al enemigo del hombre medio muerto para ilustrar lo que implica ser el prójimo de alguien. Él ordena que todos vayan y sean como este buen prójimo.

DETENTE

¿A quién consideras tú un enemigo? Cuando piensas en esa persona, ¿cómo te sientes? ¿Cómo sería amarla?

¿Qué tiene que ver esta historia con ser un discípulo de Jesús? Al responder la pregunta del intérprete de la ley, Jesús demostró que amar a nuestro prójimo significa amar a las personas, y eso incluye amar a nuestros enemigos. ¿Quién entre nosotros ha hecho eso a la perfección? El intérprete de la ley que le hizo a Jesús la pregunta no lo hizo. Jason sabe que él no lo ha hecho y también sabe que eso significa que no merece el cielo.

Sin Jesús, Jason está igual de condenado que ese intérprete de la ley. Ninguno de nosotros ha amado como el inesperado prójimo en la historia de Jesús. Es imposible obedecer el mandato de Jesús de ir y ser como ese prójimo por causa de nuestro pecado. La buena noticia, no obstante, es que Jesús cumplió perfectamente ese mandato, e hizo mucho más que eso. Jesús amó a Sus enemigos al morir por ellos en la cruz, al morir por nosotros si creemos en Él.

«Siendo enemigos, fuimos reconciliados con Dios por la muerte de su Hijo» (Rom. 5:10).

Todos los discípulos de Jesús solíamos ser Sus enemigos, pero Él ha restaurado nuestra relación con Dios. Y, sin embargo, que estemos reconciliados con Dios no quiere decir que Sus mandatos ya no nos importen. *Los mandamientos de Dios nos enseñan cómo vivir.* Debemos obedecerlos, y si estamos creciendo como cristianos, desearemos obedecerlos.

Jesús ordena a Sus discípulos amar a su prójimo, y en la historia del hombre medio muerto, **Jesús nos mostró en qué se ve este amor en la práctica:**

> Se ve en la amabilidad, en la justicia y en la misericordia.
>> Se ve en ser compasivos con las personas, no despectivos.
>>> Se ve en procurar el bien de nuestro prójimo, incluso si nuestro prójimo procura nuestro mal.

> Se ve en acercarse a la gente de la que el mundo se alejaría
> *y en pasar tiempo con personas a las que el mundo ignoraría.*

Este amor implica no tratar a alguien como un problema solo porque tiene un problema. Este amor implica anteponer los deseos de otras personas a los nuestros. Este amor implica *pasar por* problemas si eso significa *sacar* a nuestro prójimo del problema.

¿Cómo es el amor de un discípulo hacia su prójimo? Al final, es un amor que se parece mucho al amor de Dios por nosotros. Cuanto más conozcamos el amor de Dios para con nosotros, más amaremos a nuestros enemigos y a nuestro prójimo.

Sin duda, este amor se verá diferente dependiendo de la situación. Pero hay una situación que debemos tener muy clara, y se trata de *cuando tu enemigo abusa de ti*. Quizás sea un cónyuge, otro miembro de la familia o una figura de autoridad. Quienquiera que sea, que quede claro que lo que el abusador hace es una ofensa contra Dios, y no es tu culpa.

> **Si están abusando de ti, debes saber que esa bondad y misericordia hacia tu abusador no implican permanecer en una situación peligrosa.** *Por favor, habla con alguien de confianza para que pueda ayudarte.*

JASON

Jason está aprendiendo que esta clase de amor es difícil. Implica perdonar a su padre que lo abandonó. Implica perdonar a su hermano, Al, que se burla de él. Sin embargo, Jason está empezando a ver que a medida que sigue a Jesús, su vida se parece más a la de Jesús.

A Jesús lo abandonaron y traicionaron personas a las que amaba, y ahora a Jason le está ocurriendo también.

Dios llama a los cristianos no solo a creer en Jesús, sino también a «padecer por él» (Fil. 1:29; 2 Tim. 1:8). Es tentador pensar que ser un discípulo de Jesús debería ser fácil. Pero la Biblia parece sugerir lo opuesto: seguir a Jesús es difícil, y si no lo es, probablemente algo anda mal. Eso no quiere decir que la vida no pueda ser agradable. Pero hasta que lleguemos al cielo, la vida cristiana es una de gozo y tristeza (2 Cor. 6:10). Muchas personas que se hacen llamar predicadores dirán que Jesús vino para hacer que Sus discípulos sean ricos y libres de todo dolor o sufrimiento en esta vida. **Si alguien te está diciendo eso, sal corriendo en dirección contraria, porque de dondequiera que haya sacado esa idea, no fue de la Biblia.**

Después de todo, Jesús no tuvo una vida fácil, y la suya terminó en una cruz. **Si vamos a seguir a Jesús como nuestro líder**, tenemos que hacer lo que Él dice y *tomar nuestra cruz*.

«*Y decía a todos: Si alguno quiere venir en pos de mí, niéguese a sí mismo, tome su cruz cada día, y sígame*» (Luc. 9:23).

Con «tome su cruz», Jesús quiere decir que seguirle es una especie de muerte porque renunciamos a lo que nosotros queremos si no es lo que Él quiere. Como lo expresa Richard Chin: «Tomar nuestra cruz significa que nosotros, como discípulos de Jesús, creemos que es mejor morir que desobedecer a Jesús. Los discípulos creen, pues, que es mejor morir que robar; que es mejor morir que _____ (inserta cualquier pecado con el que luches)».[4]

---

4. Chin, Richard: «*Seeing Jesus Properly: The Lord to Gladly Obey Forever*» [Ver a Jesús adecuadamente: el Señor a quien

A pesar de toda esta charla sobre la muerte, Jason está comenzando a ver que seguir a Jesús conduce a la vida, tal como Él prometió (Mat. 16:25). Pese a algunos días duros, Jason ve que la vida con Jesús es más difícil, pero mejor. Jason tiene una paz que nadie puede quitarle, ni siquiera los burlones como Al. Jason desea obedecer la Palabra de Dios cada vez más. No siempre lo hace bien, pero quiere conocerla más y más. Esa es la disciplina que queremos ver a continuación, pasar tiempo con Dios, específicamente al leer Su Palabra.

VERSÍCULO PARA MEMORIZAR

«Y decía a todos: Si alguno quiere venir en pos de mí, niéguese a sí mismo, tome su cruz cada día, y sígame» (Luc. 9:23).

RESUMEN

En este capítulo, aprendimos que un discípulo es alguien que se encuentra en el proceso de aprender a obedecer todo lo que Jesús ordena, lo cual, en resumen, significa amar a Dios y a nuestro prójimo. No siempre lo hacemos, por lo que una parte normal de la vida cristiana consiste en confesar el pecado a medida que comenzamos a arrepentirnos de él, y volvernos al Dios que murió por Sus enemigos.

---

obedecer con gusto por siempre], Conferencia CROSS, Kentucky International Convention Center, 27-30 de dic., 2013.

¿CUÁL ES EL PUNTO?

Los seguidores de Jesús leen la Biblia, un libro único y útil.

CAPÍTULO 2

La Biblia: Escuchar a Dios

(Parte 1)

> **JASON**
>
> Jason tiene escasos recuerdos de su padre. Por supuesto, sabía que el hombre era egoísta. ¿Qué clase de persona abandona a su familia y toma su dinero? Pero al mismo tiempo, Jason no *conoce* realmente a su padre, y eso siempre lo ha entristecido un poco.

La madre de Jason, Marie, hizo lo mejor que pudo por llenar el vacío que dejó el padre de Jason. Trabajó largas horas para traer comida a la mesa. Algunas veces llegaba a casa antes de que Jason se fuera a dormir, y le cantaba canciones de Jesús mientras Jason se quedaba dormido. Pero, a menudo, Jason se encontraba solo en casa a la hora de acostarse y durante las comidas.

El almuerzo nunca fue un problema, desde luego, porque la mayoría de los días Jason comía en la escuela. Se sentaba en su lugar habitual con su grupo habitual, con Chip a su izquierda y Al a la derecha. Entre uno y otro, Jason llegó a comprender que el emparedado que su grupo había formado era mejor que cualquier emparedado que su escuela pudiera costear para alimentarlos, y se conformaba con eso. Los muchachos nunca tuvieron mucho, pero se tenían entre ellos, y eso era suficiente para hacerlos los reyes de la descuidada y ruidosa cafetería.

Pero las cenas en la casa eran difíciles, porque Jason solía comer solo. De niño, a menudo observaba la silla vacía donde su madre se sentaba si podía acompañarlo, y se preguntaba cómo sería si su padre se sentara allí en su lugar. Si apareciera, aunque fuera por una sola noche, ¿de qué hablarían? ¿Qué clase de comida le gustaría? ¿Contaría algún chiste y sería gracioso? Todo el mundo se sabe al menos un buen chiste, ¿no?

Han pasado décadas desde esas cenas solitarias, y Jason ahora se da cuenta de que lo que lo entristece no es tanto el hecho de que su padre nunca gastara dinero en él; lo que lo entristece es que su padre nunca pasara tiempo con él. Jason nunca llegó a conocer a su padre. Al fin y al cabo, ¿de qué otra forma puedes llegar a conocer a tu padre además de hablar con él y escucharlo?

Lo mismo sucede con Dios. Como cristiano, Jason ahora es uno de los hijos de Dios, y llegará a conocer a su Padre pasando tiempo con Él y escuchándolo. Sin embargo, a diferencia del padre terrenal de Jason, el Padre celestial de Jason nunca lo abandonará. Dios promete esto:

«No te desampararé, ni te dejaré».

¿Dónde encontró Jason esta promesa? La encontró en la Biblia, en Hebreos 13:5. Escuchó al predicador en la iglesia hablar de eso, y se le quedó grabada.

Los siguientes dos capítulos se enfocan en la lectura de la Biblia, porque leer la Biblia no es opcional para los cristianos; es fundamental y vital. Un cristiano que intenta crecer en piedad sin leer la Biblia es como una planta que intenta crecer sin agua ni luz. La lectura de la Biblia es un aspecto crucial del entrenamiento de un discípulo. ¿Por qué? Por dos razones.

Primero, la Biblia es un libro único. La Biblia revela

> cómo es Dios
> y
> *qué le agrada,*
> y
> *no hay otro libro igual.*

Cualquier otro libro, incluido este, es imperfecto; **la Biblia es perfecta**. Es la verdad (Juan 17:17). Cualquier otro libro está escrito solamente por personas; **la Biblia, en última instancia, fue escrita por Dios** (2 Tim. 3:16). La Biblia o «la Palabra de Dios» es **Dios hablándole a la gente**. Así como le hablamos a alguien cuando le escribimos una carta, **Dios habla a las personas a través de Su Palabra**. Los discípulos como Jason leen, pues, la Biblia para conocer mejor a Dios.

> Si Jason quiere ver lo que Dios dice,
> lo único que tiene que hacer es leer su Biblia.

Muchas personas sienten que nunca han oído a Dios, y suponen que si fuera real lo habrían hecho. Estas personas pueden incluso rogarle a Dios que les hable, que les muestre una señal poderosa, pero todo mientras sus Biblias están cubiertas de polvo. No leen la Palabra de Dios. No leen sobre las señales que ya hizo o sobre las personas que suplicaron una señal en lugar de un Salvador (Mat. 16:4; Juan 12:37).

Por la gracia de Dios, Jason ha desempolvado su Biblia. Y cuanto más la lee, más se da cuenta de lo mucho que la Palabra de Dios habla sobre, bueno, la Palabra de Dios.

- **Dios llama a Su Palabra *fuego y martillo* (Jer. 23:29):** «*¿No es mi palabra como fuego, dice Jehová, y como martillo que quebranta la piedra?*». La Palabra de Dios tiene poder. Tiene el poder de irradiar calor y calentar nuestros fríos corazones para que podamos acoger la verdad de Dios. Tiene el poder de romper los corazones de piedra para que podamos aceptar la verdad.
- **Dios llama a Su Palabra una *espada* (Ef. 6:17):** «*Y tomad [...] la espada del Espíritu, que es la palabra de Dios*». Los discípulos se defienden de la tentación del pecado y de las mentiras del diablo con la Palabra de Dios. En Hebreos 4:12, Dios incluso dice que Su Palabra es más cortante que una espada y, porque lo es, solo ella puede penetrar los corazones con la verdad.
- **Dios llama a Su Palabra *luz* (Sal. 119:105):** «*Lámpara es a mis pies tu palabra, y lumbrera a mi camino*». La Palabra de Dios nos guía. *Sin la Palabra de Dios estaríamos perdidos y yendo en la dirección equivocada.* Con la Palabra de Dios, podemos ver la verdad en este mundo oscuro.
- **Dios llama a Su Palabra *leche* (1 Ped. 2:2):** «*Desead, como niños recién nacidos, la leche espiritual no adulterada, para que por ella crezcáis para salvación*». Cuando un bebé llega al mundo, no puede alimentarse solo. Necesita ser alimentado, y lo principal con lo que los padres alimentan a un bebé es la leche. De la misma forma, los cristianos no podemos valernos por nosotros mismos. En cambio, nuestro Padre nos alimenta con Su Palabra, nutriendo nuestra fe. La Palabra de Dios nos mantiene sanos y en crecimiento. Jason sabe lo que es saltarse una comida y sufrir. Si no nos

alimentamos durante un par de días, comenzaremos a debilitarnos. Lo mismo sucede con nuestras almas si descuidamos el alimento de la Palabra de Dios. Jesús sabía esto. En Mateo 4, Jesús cita Deuteronomio 8:3 cuando Satanás lo tentó. Jesús sabía que el alimento físico no es, en última instancia, lo que necesitamos para sobrevivir; lo que más necesitamos es la Palabra de Dios.

¿Puedes ver en los versículos anteriores cómo la Palabra de Dios *se diferencia* de cualquier carta que pudiéramos llegar a escribir? **La Biblia es un libro único**, y los cristianos deben tratarla como tal.

JASON

Una vez en la universidad, Jason tomó un curso sobre la Biblia que enseñaba un ateo. Había muchos cristianos en esa clase. Sin embargo, el profesor preguntó a los estudiantes el primer día de clases cuántos de ellos habían leído la serie de Harry Potter. Muchas manos se alzaron. Luego les pidió a los estudiantes que mantuvieran sus manos arriba si habían leído toda la Biblia. Muchas manos bajaron.

«Entonces, el libro que creen que fue escrito por la persona que colocó los planetas en el cielo, ¿no lo han leído? Interesante», dijo el profesor. Aunque rechazaba a Dios, ese profesor tenía razón: si la Biblia es lo que Dios dice que es, es un libro como ningún otro.

En 2 Timoteo 3:16, Dios dice que Su Palabra es *«inspirada por Dios, y útil para enseñar, para redargüir, para corregir, para instruir en justicia»*. ¿Entendiste eso? Dios mismo dice que la Biblia es útil para nuestro entrenamiento.

> **DETENTE**
>
> ¿De qué manera se parece la Biblia a otros libros o cartas que has leído? ¿De qué manera se diferencia? ¿Cómo has visto el poder de la Palabra de Dios en tu vida?

Esta es la segunda razón por la que la Biblia es útil para nuestro entrenamiento: **Jesús nos dice todo lo que Él ordena en la Biblia**. Recuerda, un discípulo es alguien que está aprendiendo a obedecer todo lo que Jesús ha mandado. Cuanto más leamos la Biblia, encontraremos más instrucciones sobre cómo ejercitarnos para la piedad, y estas instrucciones forman parte de todo lo que Jesús nos ordenó obedecer.

> **JASON**
>
> De pequeños, Jason, Chip y Al nunca entendían realmente qué era la Biblia. Al creía que se trataba de un montón de historias religiosas o de un libro de reglas. Chip bromeaba que explicaba cómo se extinguieron los dinosaurios. Pero ahora, al igual que todos los discípulos que leen la Biblia regularmente, Jason está descubriendo mucho más. Está notando que, aunque hay reglas en la Biblia, no son reglas para alejarlo *del* gozo; estas reglas conducen a Jason *hacia* el gozo. Como un buen padre que le ordena a su hijo mantenerse alejado del horno caliente, Dios nos da reglas por nuestro bien.

Por lo general, las personas creen que la Biblia es un montón de reglas, porque piensan que tienen que cumplir un montón de reglas para ser buenas personas. Cuando se dan cuenta de que no pueden cumplir estas reglas, dicen que las reglas los abrumaron. Esa es la razón por la cual *mucha gente cree que la Palabra de Dios es «opresiva»*. Jason sabe que no siempre puede cumplir las reglas de Dios. Sabe que no es una buena persona. Pero se alegra porque la Biblia dice que Jesús fue molido por nosotros, para que pudiéramos ser libres, libres para vivir según lo que Jesús ha ordenado en la Biblia.

Nuestro entrenamiento inicia con la Palabra de Dios, y empezamos allí porque la Palabra de Dios comenzó todo. Dios habló, y la creación llegó a existir. Solo lee Génesis 1, y observa cuántas veces se repite la frase: «dijo Dios». La Palabra de Dios no solo dio inicio a la creación, también a la *nueva* creación. La Biblia dice que los cristianos son nuevas criaturas:

«De modo que si alguno está en Cristo, nueva criatura es; las cosas viejas pasaron; he aquí todas son hechas nuevas» (2 Cor. 5:17).

Recuerda, había una versión antigua de Jason antes de que se convirtiera en cristiano. Ahora que Jason ha creído en Cristo, hay una nueva versión de él, la versión que desagrada a algunos de sus amigos, como a Al. ¿Cómo surgió este nuevo Jason? Surgió porque este nuevo Jason escuchó la Palabra de Dios. Cuando la oyó, penetró en su corazón; quitó las escamas de sus ojos para que pudiera ver la verdad. En resumen, la Biblia le dio a Jason fe, eso es lo que la Palabra de Dios hace, tal como dice:

«Así que la fe es por el oír, y el oír, por la palabra de Dios» (Rom. 10:17; comp. Sant. 1:18).

Como nueva criatura, Jason ha sido salvado de la ira de Dios. Claro que, todavía no ha sido finalmente libre del pecado en su mente y corazón, lo que significa que su mente necesita ser renovada (Rom. 12:2). Una de las principales formas en que Dios renueva nuestras mentes es a través de Su Palabra. Esta es una manera en que podríamos pensar sobre ese proceso de renovación.

ILUSTRACIÓN

Imagina que la mente de Jason es un vaso que tiene suciedad en el fondo.

Queremos limpiar el vaso, pero la suciedad ha estado allí durante años; está seca y es difícil de quitar. No podemos simplemente voltear el vaso y deshacernos de la mugre.

Así es como limpiamos el vaso: vertemos agua limpia en él; cuanta más agua limpia entre, más saldrá la suciedad. Con el tiempo, el vaso se desbordará, y la suciedad comenzará a salir.

Lo mismo sucede con nuestras mentes, **necesitamos que la leche de la Palabra de Dios limpie nuestras mentes y nos haga crecer**. Nunca limpiaremos nuestras mentes a la perfección antes del cielo, pero debemos esforzarnos por mantenerlas limpias a través de la Palabra de Dios.

Hemos visto que la Palabra de Dios dio inicio a la creación, a la nueva creación y que renueva nuestras mentes. La Palabra de Dios también *sostiene* todo. Hebreos 1:3 dice que Jesús sostiene todo el universo por la palabra de Su poder. Este es el gozo de leer la Biblia: ¡llegamos a conocer mejor a nuestro Señor y Salvador! La única razón por la cual este libro está en tus manos y tú mismo no te estás desmoronando es porque Jesús sostiene todas las cosas.

En la práctica, ¿de qué manera estas verdades capacitan a los discípulos? ¿Cómo podemos ver no solo lo que la Palabra de Dios *dice*, sino lo que *significa*? En el próximo capítulo, veremos cómo Jason responde preguntas prácticas como estas. Por ahora, cerraremos este capítulo respondiendo una pregunta con la que muchas personas luchan cuando empiezan a leer la Biblia: «¿Dónde debo comenzar?». ¿Debemos simplemente cerrar los ojos, abrir la Biblia y leer cualquier página a la que lleguemos?

Podríamos, pero aquí tienes cinco sugerencias para iniciar tu lectura de la Biblia sabiamente:

1. **Comienza a leer *el Evangelio según Marcos*.** Este libro es simple y particularmente bueno para los nuevos creyentes. Empieza con algunos versículos al día y disfruta.
2. **Comienza a leer con *tu pastor*.** Hablaremos de esto en el capítulo 6, pero todos **los cristianos deben unirse a una iglesia**. Una manera útil de leer la Biblia es leer cualquier pasaje que tu predicador esté enseñando. Algunas iglesias hacen una lista con el programa de los sermones con anticipación. Si tu iglesia no lo hace, pregúntale a tu predicador qué estará enseñando la semana que viene. Si no sabe lo que predicará, considera lo que ha predicado en el pasado. Ve si hay un archivo de sermones en línea. Independientemente de que los sermones sean del pasado o del presente, leer la Biblia de esta forma te permite oír cómo un cristiano más maduro (por ejemplo, tu pastor) estudia la Biblia. Si puedes leer el texto de los próximos sermones, tu corazón estará mucho más preparado para recibir el alimento de la Palabra de Dios.
3. **Comienza con *un rey*.** Los meses tienen 30 o 31 días, excepto febrero. Hay 31 capítulos en el libro de Proverbios, escrito por el rey Salomón. ¿Por qué no leer un capítulo de Proverbios al día? Si es el tercer día del mes, lee Proverbios 3; si es el vigésimo cuarto día del mes, lee Proverbios 24. Este es un maravilloso hábito a desarrollar. Los proverbios son prácticos e instruyen claramente a los cristianos sobre cómo vivir. Lee junto al rey Salomón, y tu dieta bíblica estará llena de sabiduría.

4. **Comienza a leer con *un cristiano mayor*.** Pregúntale a un cristiano de más edad qué está leyendo, y averigua si está dispuesto a mostrarte cómo estudia la Biblia. Tal vez incluso esté dispuesto a comenzar a leer la Biblia contigo. Pregúntale a tu pastor si hay alguien en la iglesia que estaría dispuesto a leerla junto a ti.

5. **Comienza a leer con *un plan de lectura bíblica*.** Hay diferentes planes que te llevan a través de diferentes porciones de la Biblia a diferentes velocidades. Puedes encontrar planes bíblicos en línea; es probable que tu pastor te recomiende uno. No existe un plan que sea necesariamente mejor que los demás. Si te está ayudando a seguir a Jesús, no importa cómo leas la Biblia, continúa haciéndolo así. Como dice el dicho: «Si no está roto, no lo arregles». Los planes bíblicos tienen claros beneficios: proporcionan dirección, te llevan a partes de la Biblia que de otro modo no leerías ni te enseñarían y pueden mostrar conexiones bíblicas en formas que de otra manera no habrías visto. Sin embargo, es necesario advertir: es posible abarcar más de lo que puedes manejar con un plan de lectura, y a veces las personas se sienten más abrumadas que ayudadas. Se ha dicho: «Aspira a la luna. Incluso si fallas, aterrizarás entre las estrellas». Aunque eso suena inspirador, un nuevo creyente podría intentar leer toda la Biblia y aterrizar entre las regulaciones alimenticias de Levítico. Por supuesto, la ley mosaica nos enseña sobre Dios. Pero si no estás seguro de dónde empezar tu lectura de la Biblia, las profundidades de sus exigencias étnicas bajo el antiguo pacto pueden no ser el mejor lugar para comenzar.

Hagas lo que hagas, **empieza a leer**. Resiste y persevera.

ILUSTRACIÓN

Si alguna vez has volado en avión, antes de despegar te explican cómo, si las máscaras de oxígeno caen, el oxígeno fluye aun si la máscara no se infla. Lo mismo ocurre con nuestra lectura de la Biblia. Incluso si no puedes ver que algo sucede, el oxígeno está fluyendo. Lee la Biblia y respira la Palabra de Dios.

VERSÍCULO PARA MEMORIZAR

«Desead, como niños recién nacidos, la leche espiritual no adulterada, para que por ella crezcáis para salvación» (1 Ped. 2:2).

RESUMEN

Leer la Biblia es un hábito invaluable para los cristianos porque la Biblia no es como el resto de los libros, y Jesús nos dice todo lo que ordena en la Biblia. En la Biblia, aprendemos cómo es Dios y qué le agrada. La Biblia es perfecta, poderosa y útil para ejercitarnos en justicia.

¿CUÁL ES EL PUNTO?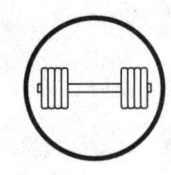

Los seguidores de Jesús pueden leer la Biblia con el método O.O.I.A.

CAPÍTULO 3

Escuchar a Dios

(Parte 2)

> **JASON**
>
> Eddy se ha convertido en un mentor espiritual para Jason. Le está enseñando a Jason cómo seguir a Jesús, y ha comenzado con cómo leer la Biblia.

«Entiendo que debo leerla, pero no tengo idea de cómo hacerlo. Acabo de descubrir por dónde empezar a leer», dijo Jason a Eddy. «¡No pasa nada! Todos comenzamos en alguna parte», dijo Eddy.

Eddy procedió a enseñarle a Jason el método de lectura bíblico O.O.I.A.: **Orar, Observar, Interpretar y Aplicar**. Esta no es la única forma de leer la Palabra de Dios, pero muchos discípulos se han beneficiado de ella.

CUANDO LEEN LA BIBLIA, LOS DISCÍPULOS ORAN...

El escritor del Salmo 119 hace una sencilla oración cuando lee la Palabra de Dios: «*Abre mis ojos, y miraré las maravillas de tu ley*». El escritor reconoce que necesita la ayuda de Dios si desea entender la Palabra de Dios, así que la pide. Regresaremos a la oración en nuestro próximo capítulo, pero por ahora debemos notar que es una buena práctica acudir a Dios en oración antes de ir a Su Palabra. Demuestra que nuestros corazones son humildes, al reconocer nuestra necesidad, y demuestra que están hambrientos. Por tanto, pedimos, como un niño que pide comida a sus padres.

CUANDO LEEN LA BIBLIA, LOS DISCÍPULOS OBSERVAN...

Cada vez que leemos la Biblia, una de las primeras preguntas que debemos hacer es: «¿Qué dice?». Esto puede parecer obvio, pero las preguntas obvias a menudo son las preguntas más importantes, y a menudo son las que pasamos por alto. Para averiguar lo que dice un pasaje, debemos hacer preguntas como:

- ¿Qué dice el pasaje *sobre Dios?*
- ¿Qué dice *sobre las personas y su necesidad de Dios?*
- ¿Qué dice *sobre el pecado?*
- ¿Qué dice *sobre Jesús? ¿Cómo señala el pasaje a Jesús?*
- ¿El pasaje me instruye *sobre* cómo debo vivir? De ser así, ¿cómo?

No hay un orden específico que debamos seguir al hacer estas preguntas. Dicho esto, comienzo esta lista con una pregunta sobre Dios porque es muy fácil centrarnos en nosotros cuando leemos la Biblia. Somos naturalmente propensos a olvidar que la Biblia es la carta *de Dios*. Se trata de Dios en primer lugar, no de nosotros.

Por supuesto, nadie puede responder estas preguntas con solo leer el pasaje una vez. La **clave en la observación** es leer, releer y leer el pasaje nuevamente.

Ocúpate en el pasaje.

Léelo en voz alta.

Marca las palabras repetidas.

Si tu Biblia tiene referencias cruzadas, búscalas. Ve quién habla y por qué. ¡Para hacer esto, debes **leer, releer y leer otra vez**!

CUANDO LEEN LA BIBLIA, LOS DISCÍPULOS INTERPRETAN...

Si observar es preguntar: «¿Qué *dice* el pasaje?», entonces interpretar es preguntar: «¿Qué *quiere decir* el pasaje?».

ILUSTRACIÓN

Si mi hija saliera corriendo por la puerta y yo dijera: «Detén el tren», ella no pensaría que literalmente quiero que detenga un tren, yo sería un padre raro si lo hiciera. En cambio, ella entendería que a pesar de lo que *dije*, lo que *quise decir* es que necesita detenerse y ser paciente.

Queremos entender lo que Dios *dice* en Su Palabra y también lo que *quiere decir*. De lo contrario, podríamos pasar por alto lo que nuestro Padre celestial quiere decirnos porque estamos demasiado ocupados tratando de permanecer inmóviles.

Una manera útil de ver lo que un pasaje quiere decir es observar detalladamente su contexto. **El contexto es lo que viene antes y después de un pasaje**. Te ayuda a conocer dónde te encuentras en la historia.

Sin el contexto, cualquiera puede hacer que la Biblia diga cualquier cosa.

Sin el contexto, es difícil entender el propósito principal del autor y cómo su audiencia original lo habría escuchado, por lo que sería difícil saber cómo debemos escucharlo.

Entrenamiento

El contexto es una de las formas más útiles para mantenernos en el camino de leer la Biblia en la forma en que Dios quiso que se leyera. Se ha dicho que las tres reglas más importantes para leer la Biblia son:

1) **El contexto.**
2) **El contexto.**
3) **El contexto.**

Los discípulos de Jesús harían bien en recordar estas reglas. Sigue estos tres consejos para entender el contexto de un pasaje.

- *Conoce lo que dicen los versículos antes y después del pasaje.* Lee el capítulo que viene antes y después del pasaje. Cuantos más pasajes adyacentes leas, mejor entenderás tu pasaje.
- *Conoce el propósito general del libro en el cual se encuentra tu pasaje.* Por ejemplo, Juan nos dice por qué escribió su libro: para que las personas crean en Jesús (Juan 20:31). Saber *por qué* Juan escribió nos ayuda a entender *qué* escribió. Descifrar el propósito de un libro puede ser confuso, pero hay muchas herramientas como las Biblias de estudio que pueden ayudar. Pídele a tu pastor que te ayude a encontrar un comentario bíblico confiable, uno que resuma las cosas, para que puedas comprender fácilmente el contexto, el contexto, el contexto.
- *Conoce el género del pasaje.* Un género es una categoría de algo. Las personas hablan de diferentes tipos de música: hip-hop, R&B, country, etc. Esperamos distintos tipos de música en estos géneros. Lo mismo sucede con la Biblia; los **géneros diferentes tienen reglas diferentes para su interpretación**. La poesía es diferente a la narrativa, la narrativa es diferente a

la profecía, y así sucesivamente. Las Biblias de estudio pueden ayudarte a conocer los géneros, y tu pastor también. Si estás estancado, pídele ayuda.

CUANDO LEEN LA BIBLIA, LOS DÍSCIPULOS APLICAN...

Hemos orado, pues, pidiendo la ayuda de Dios al leer la Biblia. Hemos observado y preguntado qué dice el pasaje mientras lo leímos y releímos. Hemos interpretado y preguntado qué quiere decir el pasaje, pero nos queda un paso más: debemos preguntar qué significa *para nosotros*.

En Santiago 1:22, la Biblia nos ordena: «*Pero sed hacedores de la palabra, y no tan solamente oidores, engañándoos a vosotros mismos*». En otras palabras, cuando escuches la Palabra de Dios, no solo la escuches para luego hacer lo que quieras. En cambio, escúchala y haz lo que Dios quiere. Ama a Dios poniendo en práctica lo que has oído. Eso es la obediencia: el amor a Dios en la práctica. Y llegamos a esa práctica al preguntar: «¿Qué significa este pasaje para mí? ¿Cómo puedo tomar la verdad y aplicarla a mi vida?».

¿Por qué importa tanto aplicar la verdad? Considera el ejemplo de Judas.

Jesús llamó a Judas para que fuera uno de Sus discípulos, y Judas siguió a Jesús durante años. Thomas Goodwin dijo: «Judas escuchó todos los mensajes de Cristo».[1] Literalmente escuchó a Dios hablar, pero no aplicó lo que escuchó; en cambio, traicionó a Jesús. Judas nos muestra que oír la Palabra de Dios no es suficiente para hacernos parte del pueblo de Dios. Tiene que creerse, y el creer lleva al hacer, a la aplicación.

---

1. https://banneroftruth.org/us/resources/articles/2001/thomas-goodwin/.

Digamos, pues, que Jason oye el mandato de Jesús de amar a sus enemigos. Ha orado por eso, pensado en eso, y cree que sabe lo que Jesús quiere decir, ¿pero qué significa ese mandato *para Jason*? Significa que debe amar a Al. A pesar de cómo Al lo trate, Jason debe buscar el bien de Al y no ser desconsiderado, sino amable con él. Este amor será duro y puede tomar un largo tiempo, pero no pasa nada. Después de todo, los discípulos son obras en progreso.

> **DETENTE**
>
> *Ve a Mateo 5:27-30. Ora antes de leer el pasaje, y luego responde estas preguntas:*
> 1) ¿Qué dice el pasaje?
> 2) ¿Qué quiere decir?
> 3) ¿Qué significa para mí?

Ya sea que leas la Biblia con el método O.O.I.A. o de otra manera, no puedes llegar a la aplicación sin reflexionar sobre la Palabra de Dios. Eso es lo que los discípulos hacen fundamentalmente con la Palabra de Dios: piensan en ella, cuidadosa y profundamente; es decir, **meditan** en ella.

Con meditar, no me refiero a que los discípulos se sienten con las piernas cruzadas a murmurar un canto. No hablo de pensar positivamente para ahuyentar los malos pensamientos, o vaciar la mente como lo haría un budista. Más bien, con meditar, me refiero a *llenar* nuestras mentes con la verdad de la Palabra de Dios.

La Biblia exhorta a los cristianos a dejar que la Palabra de Dios more abundantemente en nosotros (Col. 3:16). Lo que eso quiere decir es que **los cristianos debemos estar llenos de la Biblia**: debe estar *en nuestras mentes* y *guardada en nuestros corazones*. Charles Spurgeon, un famoso predicador, una vez describió a un hombre que estaba tan lleno de la Biblia que, si se cortaba, sangraba la Biblia.

¿Cómo te conviertes en un discípulo que sangra Biblia? **Meditando en la Palabra de Dios**. Pensando en ella de día y de noche como el justo en el Salmo 1.

Muchos cristianos se frustran al leer la Biblia porque sienten que no obtienen nada de ella, y de cierta manera, es entendible. Al fin y al cabo, a veces la Biblia es difícil de comprender; es normal no entenderla siempre, no pasa nada. Sin embargo, de lo que estos cristianos frustrados no se dan cuenta es que no obtienen nada de lo que leen porque pasan muy poco tiempo *reflexionando* sobre lo que han leído. Thomas Watson lo expresó así: «La razón por la cual salimos tan fríos después de leer la Biblia se debe a que no nos calentamos en las llamas de la meditación».[2]

Pero si nos calentamos con este fuego, si pasamos tiempo reflexionando sobre la Palabra de Dios, Él promete que nos concederá gran entendimiento (Prov. 2:1-5; 2 Tim. 2:7). Es posible que el entendimiento llegue en pequeñas porciones con el tiempo, pero llegará. ¿Cómo podemos entonces calentarnos con el fuego de la meditación? Aquí hay tres sugerencias:

1. **Lee/escucha la Palabra de Dios**. *Si queremos conocer la Palabra de Dios, entonces tenemos que estar expuestos a ella*. Podemos hacer esto a través de lo que a menudo se conoce como un «tiempo devocional». Un tiempo devocional es un tiempo dedicado que los cristianos pasan con Dios. Es un tiempo que Jason pasa a solas con su Padre celestial, escuchándolo a

---

2. Watson, Thomas: *Puritan Sermons* [Sermones puritanos], p. 62 (reimp.; Wheaton, IL: Richard Owens Roberts, 1981), v. 2.

través de Su Palabra y hablando con Él por medio de la oración. Una forma de tener un tiempo devocional de manera constante es apartar un espacio regular del día, cualquiera que sea, y mantenerlo día tras día.
2. **Copia la Palabra de Dios**. Otra forma de meditar en la Palabra de Dios es simplemente escribirla palabra por palabra. Esta práctica te ayuda a pensar en cada palabra y, Dios mediante, observar cosas que no habías notado antes. ¿Por qué no comenzar con un libro corto, como Filipenses, y copiar algunos versículos durante tu tiempo devocional?
3. **Memoriza la Palabra de Dios**. Cuando llegó por primera vez a Cristo, a Jason le ayudó especialmente el versículo que hablaba de que Dios nunca lo abandonaría (Heb. 13:5). Así que pasó algunos días escribiendo ese versículo una y otra vez. La décima vez, había memorizado el versículo. De repente, era como si el versículo estuviera siempre con él, en el tren mientras viajaba por la ciudad, en su trabajo mientras trabajaba largas jornadas, en su mente cuando se veía tentado a pensar cosas horribles sobre Al.

Quizás leas estas sugerencias y pienses: «No tengo un tiempo *devocional*, porque apenas tengo *algo* de tiempo». Es verdad, la mayoría de las personas no tienen mucho tiempo libre. Jason seguro que no lo tiene. Al igual que tú, él tiene responsabilidades; además, el edificio en el que vive nunca es tan tranquilo. No obstante, puede tener y disfrutar de un tiempo devocional. Tal vez Jason simplemente tenga que gatear antes de poder caminar.

JASON

Cuando comenzó a ejercitarse a través de la meditación, Jason gateaba con una práctica que Eddy le enseñó llamada el **ejercicio de tres minutos**. En esta práctica, Jason

> *leía la Biblia (un versículo o dos) durante un minuto,*
> *reflexionaba sobre lo que había leído durante un minuto,*
> *y oraba por lo que había leído durante un minuto.*

De nuevo, **esta es la línea de partida, no la meta final**, en lo que se refiere a pasar tiempo con Dios. Después de todo, por lo general, no *encontraremos* tiempo en nuestros horarios para agregar algo, así que debemos *hacer* tiempo. Pero todos debemos empezar por algo, y un tiempo devocional de tres minutos es mucho mejor que un tiempo devocional de cero minutos. Por tanto, no te desanimes si tienes que empezar tus tiempos devocionales aquí. Que te anime incluso querer tener un tiempo devocional.

«Jason, recuerda este punto, porque con mucha frecuencia los cristianos se centran demasiado en la duración de sus tiempos devocionales —dijo Eddy—. Creen que un tiempo devocional de 20 minutos debería producir automáticamente cierto sentimiento espiritual o recompensa. Si saltan o acortan este tiempo, sienten que no pueden acercarse a Dios porque no se presentaron al ejercicio matutino, y ahora están en una especie de "tiempo fuera" espiritual, porque Dios está enojado con ellos. Esta manera de pensar, por santa que parezca, es ridícula. En realidad, demuestra una dependencia de nuestro esfuerzo por complacer a Dios en lugar de la obra de Jesús. ¡Olvida que Dios descargó Su ira sobre Su

Hijo por todos los que creen en Él, y ya no está enojado con nosotros!».

Es cierto que, si no estamos buscando a Dios simplemente por pura pereza, debemos arrepentirnos. Pero todos los padres de niños pequeños saben que algunas mañanas parecen empezar solo con berrinches matutinos y no con nuevas misericordias. De hecho, son raros los días en que un padre se despierta felizmente con serenidad, deslizándose de la cama a una casa serena como un arroyo. Sin embargo, es en estos momentos que debemos recordar que, aunque la Biblia nos ordena estar quietos ante Dios (Sal. 46:10), la Biblia no especifica cuán largos o tranquilos deben ser nuestros tiempos devocionales.

En cambio, la Biblia nos pide que pensemos, busquemos y anhelemos a Jesús regularmente (Heb. 12:1-2). Nuestro deber es así de simple, liberador y agradable. Cuando hablamos de meditar, no estamos necesariamente hablando de sentarnos en silencio, por muy útil que parezca. Estamos hablando más bien de escribir un versículo en una hoja y colocarlo sobre el fregadero de tu cocina mientras lavas los platos y reflexionas sobre él. Así es dejar que la Palabra de Dios more en ti abundantemente en la práctica.

«Por tanto, no pongas tu esperanza en la duración de tu tiempo devocional, hermano Jason. Ponla en la grandeza del amor de Dios. De todos modos, siempre permaneces en Él, y Él nunca se ha apartado de tu lado», dijo Eddy.

Jason no tenía idea de lo que Eddy quería decir con permanecer en Dios, pero se está dando cuenta de que cuanto más lee, copia y memoriza, más vive la experiencia que se describe en el Salmo 119:

«En mi corazón he guardado tus dichos, para no pecar contra ti. Bendito tú, oh Jehová; enséñame tus estatutos. Con mis labios he contado todos los juicios de tu boca. Me he gozado en el camino de tus testimonios más que de toda riqueza» (Sal. 119:11-14).

¿A dónde nos lleva la meditación? Nos lleva a orar. Por lo general, cuando alguien habla con otra persona, ella responde. Lo mismo sucede con la lectura de la Biblia y la oración. Jason ha oído a su Padre celestial a través de Su Palabra. Ha meditado en lo que su Padre ha dicho. Y ahora, quiere responder a Dios, lo cual nos conduce a una nueva parte de su entrenamiento: la oración.

VERSÍCULO PARA MEMORIZAR

«*En mi corazón he guardado tus dichos, para no pecar contra ti*» (Sal. 119:11).

RESUMEN

Hemos aprendido cómo leer nuestras Biblias a través de la oración, la observación, la interpretación y la aplicación. A medida que comenzamos a leer la Biblia, tres reglas nos ayudan a hacerlo fielmente: 1) el contexto, 2) el contexto, 3) el contexto. Cuando estudiamos el contexto de un pasaje y lo leemos y volvemos a leerlo, estamos meditando en la Escritura, digiriendo y saboreando el alimento de la Palabra de Dios.

¿CUÁL ES EL PUNTO?

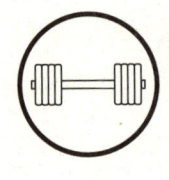

Los seguidores de Jesús oran como Jesús.

CAPÍTULO 4

La oración: Hablar con Dios

JASON

Al confundía a Jason. Ahora que Jason seguía a Jesús, Al caminaba en dirección contraria cada vez que se veían. «¿Cómo se volvió así nuestra relación?», se preguntaba Jason.

Después de todo, cuando eran niños, Al era quien aconsejaba a Jason que se convirtiera en cristiano. Jason recordaba cuando Al y él tenían siete años y estaban sentados en los asientos traseros del autobús de la ciudad. En ese momento, Al decía ser cristiano, e incluso lo parecía. Entonces, mientras el autobús rodaba entre la polución de las calles de su ciudad, Jason le hizo una pregunta a su hermano.

—Oye, ¿cómo hago eso?

—¿Hacer qué? —preguntó Al.

—Ser cristiano, como tú. Quiero serlo. Así que, ¿cómo hago?

—¡Oh! —respondió Al—. Bueno, tienes que orar.

—Está bien —dijo Jason. Los hermanos se quedaron en silencio por unos momentos.

—¿Cuánto tiempo? —preguntó Jason. No quería estropear todo esto de convertirse en cristiano.

—Mmm... —Al, el sabio de siete años titubeó mientras se dispuso a pensar. Pasaron unos segundos, que parecieron unas horas, Jason esperaba una respuesta profunda. Pero no recibió ninguna. En cambio, Al se encogió de hombros y respondió:

—Como cinco minutos.

—Ah, entiendo —dijo Jason; ahora era su turno de encogerse de hombros con indiferencia. Jason nunca olvidaría lo que en realidad pensó cuando escuchó la respuesta de Al.

«¿Cinco minutos? ¡Eso es mucho tiempo para orar!».

Este recuerdo puede ser divertido, pero también muestra lo confundidas que están las personas sobre la oración. ¿Qué es la oración? ¿Por qué los discípulos de Jesús deben orar? ¿Cómo sabemos que Dios escucha nuestras oraciones? ¿Cuándo debemos orar y cómo lo hacemos? ¿Por qué debemos orar y a quién debemos orar? En este capítulo, responderemos preguntas como estas mientras Jason busca crecer como uno de los discípulos de Jesús.

¿QUÉ ES LA ORACIÓN?

Si Dios habla con las personas en la Biblia, *las personas*, específicamente los cristianos, *hablan con Dios en la oración*. «Bueno, por supuesto», podrías decir. Pero considera esto por un momento:

El Creador del universo,
que creó todas las cosas y
controla todas las cosas,
que resucita a los muertos y
está lleno de bondad y amor,

que ofreció a Su único Hijo para que muriera en lugar de los pecadores, *este Dios invita a Sus hijos a hablar con Él **a cualquier hora**. La oración es un privilegio increíble.*

No obstante, muchos cristianos parecen dar por sentada la oración. Alistar Begg expresó: «Satanás ha obtenido una gran victoria al hacer que creyentes sinceros vacilen en su convicción de que la oración es necesaria y poderosa».[1]

> **DETENTE**
>
> Si alguien escuchara tus oraciones de esta semana, ¿pensaría que crees que la oración es necesaria y poderosa? ¿Por qué sí o por qué no?

Quizás Satanás ha logrado esta victoria al confundir a la gente sobre por qué deben orar en primer lugar.

¿POR QUÉ DEBEN ORAR LOS CRISTIANOS? ¿CÓMO SABEMOS QUE DIOS ESCUCHA NUESTRAS ORACIONES?

A menudo, los cristianos oran como si estuvieran hablando con un genio en lugar de su Dios. Tal vez no frotan una lámpara como Aladino y esperan que aparezca un gigante místico, pero piden lo que sea que quieran, lo cual no es necesariamente malo. Dios dice: «... *No tienen, porque no piden*» (Sant. 4:2, NVI). Jesús mismo ordenó a Sus seguidores que pidieran cuanto quisieran.

«En aquel día no me preguntaréis nada. De cierto, de cierto os digo, que todo cuanto pidiereis al Padre en mi nombre, os lo dará» (Juan 16:23).

¿Pero quiso decir Jesús que debemos pedir lo que sea que deseemos por *cualquier razón que queramos*? ¿Puede Jason pedirle a Dios un millón de dólares para

---

1. Begg, Alistair: *Made For His Pleasure* [Creados para Su placer], p. 52 (Chicago: Moody Press, 1996).

gastarlo en sí mismo y esperarlo en su cuenta bancaria al día siguiente?

Preguntas como estas demuestran la importancia de ejercitarnos para leer bien la Biblia. Recuerda lo que aprendimos en el último capítulo: queremos ser capaces de entender lo que Dios *dice* y lo que *quiere decir*. Algún predicador podría decirte que si oras con suficiente fe, puedes obtener lo que sea que quieras y gastarlo en quien quieras, incluso en ti mismo. ¿Pero fue eso lo que Jesús *quiso decir* en Juan 16?

No. De hecho, justo después de decirnos que no tenemos algo porque no lo pedimos, Dios claramente nos dice que puede que no tengamos aquello que pedimos porque lo pedimos *por los motivos equivocados*.

«Pedís, y no recibís, porque pedís mal, para gastar en vuestros deleites» (Sant. 4:3).

Aquí, Dios quiere decir que si oramos y no obtenemos aquello por lo que oramos, es posible que estemos orando con intenciones pecaminosas. Oras, pues, para obtener una buena calificación en una prueba, pero realmente solo quieres esa calificación para que las personas piensen que eres el mejor y más brillante de la clase; el orgullo motiva tu oración. Debemos recordar que Dios tiene balanzas que pueden pesar nuestros motivos (Prov. 16:2).

Una oración rechazada no siempre significa que oramos con intenciones pecaminosas, pero puede que sí. Es fácil pensar que algo anda mal con Dios cuando no concede nuestra petición, pero **una petición rechazada debe hacernos cuestionar nuestros motivos, no los de Dios**. Además, nuestro pecado no es la única razón por la que Dios podría no responder nuestras oraciones como a nosotros nos gustaría. En Mateo 26:39, la petición de Jesús no fue concedida, ¡y en Él no había pecado! En 2 Corintios 12:8-9, Dios no responde la petición de Pablo como él había esperado. ¿Qué sucede aquí? 1 Juan 5:14 ofrece algo de claridad:

🔑 *«Y esta es la confianza que tenemos en él, que si pedimos alguna cosa **conforme a su voluntad**, él nos oye».*

Dios no nos concederá algo que vaya en contra de Su voluntad. Puede que no siempre sepamos cuál es Su voluntad, pero Él ha revelado todo lo que necesitamos saber de ella en la Biblia. Así que, si estamos orando por algo pecaminoso, sabemos que esa no es la voluntad de Dios. Jason sabe que *no debe* orar con motivaciones egoístas, ¿pero por qué *debe* orar? La Biblia brinda una serie de respuestas.

LA ORACIÓN GLORIFICA A DIOS

El apóstol Pablo dio una motivación principal para todo lo que hacía: quería glorificar a Dios (1 Cor. 10:31). En otras palabras, quería honrar a Dios y mostrar que Él es digno de todo honor. Así,

> cuando los cristianos oran a Dios,
> alabándolo por quién Él es y por lo que ha hecho,
> *Él se glorifica.*
> Cuando somos sinceros sobre quiénes somos,
> confesando nuestros pecados a Él en oración,
> *Él se glorifica.*
> Cuando le agradecemos por algo o alguien,
> reconociendo que Él es el dador de toda buena dádiva,
> *Él se glorifica.*
> Cuando le pedimos algo,
> comprendiendo que nuestros problemas son mayores que nuestros recursos y
> confiando en que Dios es capaz de responder,
> Él se glorifica.

Jesús dijo: «*Y todo lo que pidiereis al Padre en mi nombre, lo haré, para que el Padre sea glorificado en el*

Hijo» (Juan 14:13). ¡A Él le complace responder nuestras oraciones para que nuestro Padre sea glorificado!

Los cristianos quieren glorificar a Dios, *y la oración glorifica a Dios*. Por tanto, los cristianos desean orar.

LA ORACIÓN EXPRESA FE

La oración es el lenguaje de la fe; la oración consiste en poner fe en nuestros labios. Es una de las formas más básicas en que los cristianos expresan su confianza en Dios. Cada vez que los cristianos oramos, estamos diciendo: «Dios, creo que eres quien dices que eres». Puede que no confiemos en Él tanto como deberíamos, pero no es la cantidad de nuestra confianza la que importa cuando oramos; lo que importa es *en quién confiamos*. Por esa razón, Jesús dijo que podíamos tener fe como el tamaño de un grano de mostaza, que mide aproximadamente 1-2 milímetros, y seríamos capaces de arrojar una montaña al mar (Luc. 17:6). Cuando oramos, demostramos en quién confiamos finalmente: en Dios. Él nos manda orar (1 Tes. 5:17). Nuestras oraciones muestran que creemos que Su mandato es bueno y, por tanto, los cristianos deseamos orar.

Es el objeto, no el tamaño de nuestra fe lo que importa.

LA ORACIÓN DEFIENDE LA FE

La vida cristiana es una batalla contra nuestro pecado, el diablo y un mundo pecaminoso. Dios nos da armas para esa batalla y las describe en pasajes como Efesios 6:17-18:

«Y tomad el yelmo de la salvación, y la espada del Espíritu, que es la palabra de Dios; **orando en todo tiempo con toda oración y súplica en el Espíritu,** *y velando en ello con toda perseverancia y súplica por todos los santos...».*

Dios llama a los cristianos a orar continuamente. Esto no quiere decir que tengamos que estar orando verbalmente cada segundo del día, pero sí significa que *la oración debe ser una parte normal de la vida de un cristiano*. Con mucha frecuencia, solamente oramos cuando estamos en una crisis. Por supuesto, debemos orar en esos momentos, pero los cristianos debemos orar regularmente, no solo cuando sea necesario. Si solo oramos a Dios cuando sentimos que lo necesitamos, nuestra fe será débil y estaremos más expuestos a los ataques de Satanás. Además, perderemos de vista la verdad **de que siempre necesitamos a Dios; es solo que a veces sentimos nuestra necesidad.**

Pero si oramos frecuentemente, fortaleceremos nuestra fe porque la habremos defendido al usar esta arma. A primera vista, el arma de la oración puede parecer débil, ordinaria y simple, pero el reino de Dios no es de este mundo y tampoco sus armas (2 Cor. 10:4). Cuando oramos, no solo expresamos nuestra fe en ese acto, sino que también defendemos esa fe. Por tanto, los cristianos desean orar.

LA ORACIÓN SIRVE A OTROS

¿Captaste la última parte del versículo de Efesios 6? Pablo ordena a los cristianos que continúen orando por todos los santos. Orar por nosotros mismos es algo bueno, pero no deberíamos *privarnos de la dicha de orar también por otros*. Dios nos ha dado la oración para que podamos amar a nuestro prójimo. Ora, pues, por ellos como te gustaría que oren por ti.

Si alguien observara tu vida de oración, ¿vería a alguien atento a las preocupaciones de los demás? ¿O tu vida de oración refleja que solamente te preocupas por ti mismo? ¿Cuándo fue la última vez que oraste por tu pastor? Si el apóstol Pablo sabía que necesitaba que oraran por él, y lo pidió (Ef. 6:19-20), tu pastor también lo necesita.

¿Hay personas en tu vida que te han irritado? En lugar de quejarte de ellos, ¡ora por ellos! La oración tiene un poder único de ayudarnos en nuestros sentimientos hacia los demás. La Biblia insta a los cristianos a orar los unos por los otros, por lo que los cristianos desean orar los unos por los otros.

DIOS ESCUCHA LA ORACIÓN

Por último, debemos orar porque Dios escucha nuestras oraciones. Sabemos que lo hace porque Él dice que lo hace, si pedimos como nos ha dicho en Su Palabra. Hemos visto que la Palabra de Dios dice que no debemos orar por razones pecaminosas. También nos dice que debemos orar en el nombre de Jesús (Juan 16:23). Orar en el nombre de Jesús es ir a Dios basándonos en lo que Jesús ha hecho y no basándonos en lo que nosotros hemos hecho. Es orar creyendo que nuestro Padre se complace en Jesús, y que solo podemos ir a Él a través de Jesús. Es orar audazmente con la autoridad de quien ha recibido toda autoridad (Mat. 28:18). Orar en el nombre de Jesús es afirmar que

> *Jesús es el camino,*
> *la verdad y*
> *la vida (Juan 14:6),*
> *y que confiamos en Sus promesas.*

Lo importante no es que digamos de manera robótica las palabras «en el nombre de Jesús» al final de nuestras oraciones, como si esa frase fuera una especie de permiso celestial para nuestras oraciones. Nuestra esperanza no es que Dios oiga nuestras oraciones porque digamos las palabras correctas; nuestra esperanza es que *Dios oye nuestras oraciones gracias a Jesús*. A veces, los cristianos quieren una gran señal que demuestre que Dios está allí y que Él escucha. Pero tenemos algo mejor que una señal; tenemos a un Salvador.

Donde nosotros no logramos obedecer los mandatos de Dios, como el mandato de orar, Jesús tuvo éxito. Jesús oró perfectamente, y gracias a Su vida sin pecado, muerte y resurrección, y nuestra confianza en eso, ahora somos libres para ir a Dios audazmente y orar como lo hizo nuestro Salvador. *Jesús ha hecho todo lo necesario para que nosotros podamos comparecer justos ante Dios.* Un beneficio de estar entre los justos es que Dios escucha tus oraciones. «*Jehová está lejos de los impíos; pero él oye la oración de los justos*» (Prov. 15:29).

Dios no solo escucha nuestras oraciones; Él se deleita en ellas (Prov. 15:8). Así como los buenos padres se deleitan en escuchar a sus hijos, *a Dios le alegra escucharnos*. Aunque nuestras oraciones pueden ser débiles, nuestro Salvador es fuerte.

Anteriormente, preguntamos por qué debemos orar, pero al examinar estas cinco razones, una mejor pregunta es: ¿por qué *no habríamos de orar*? Tenemos la oportunidad de glorificar a Dios, confiar en Él, defender nuestra fe, servir a los demás y ser oídos por nuestro Padre celestial. Él nos invita a orar porque cuida de nosotros:

«*Humillaos, pues, bajo la poderosa mano de Dios, para que él os exalte cuando fuere tiempo; echando toda vuestra ansiedad sobre él,* **porque él tiene cuidado de vosotros**» (1 Ped. 5:6-7).

Se ha dicho que preocuparse, o pensar demasiado, a menudo es una señal de falta de oración.[2] La oración es una forma básica en que los cristianos disfrutan el cuidado y la paz de Dios (Fil. 4:4-7). ¡Por tanto, los cristianos desean orar!

---

2. Roberson, James: https://twitter.com/jtrob3/status/1029678765398523904.

> **DETENTE**
>
> ¿Alguna de estas razones te sorprende? ¿Por qué sí o por qué no?

¿CUÁNDO Y CÓMO ORO?

Efesios 6 también nos muestra con qué frecuencia debemos orar: debemos orar «en todo tiempo» (Ef. 6:18). ¿Entonces cómo es orar «en todo tiempo»? Jesús nos lo muestra, pero tenemos que observar Su ejemplo cuidadosamente. ¿Por qué?

Porque es fácil observar a Jesús y pensar que debemos hacer todo lo que Él hace. Pero Jesús no es simplemente nuestro modelo perfecto de cómo hacer las cosas; **también es nuestro Salvador perfecto de las cosas malas que hemos hecho**. Recuerda, Jesús ha hecho lo que nosotros no podemos. Él es el héroe de la historia. Y si vamos a mirarlo como un modelo, entonces debemos recordar que no es nuestro deber ser los héroes; nuestro deber es confiar en el héroe. Antes de ver cómo podemos obedecer el mandato de orar, debemos ver cómo Jesús ya lo hizo. Ver la obediencia perfecta de Jesús nos libra de obedecer a Dios con nuestras propias fuerzas.

Nos mantiene agradecidos y enfocados en el héroe de nuestra fe, quien nos da la fortaleza para ser como Él de la manera correcta.

> *Al mirar la vida de Jesús, vemos que Él oró en todo tiempo.*
>> *Oró antes de hacer milagros (Mat. 14:19);*
>>> *Se apartó de grandes multitudes y fue a orar a lugares desiertos (Luc. 5:16);*
>>>> *Oró cuando tuvo grandes problemas (Luc. 22:41-42).*
>>>>> *Debes saber que Dios puede manejar todos nuestros problemas en cualquier momento.*

ILUSTRACIÓN

Si aparecieras en mi habitación para pedirme algo a las 3:00 a. m., sería espeluznante, y probablemente llamaría a la policía. Sin embargo, si mi hija pequeña entrara en mi habitación a pedirme algo a las 3:00 a. m., a pesar de que no me encante la hora que escogió, entendería por qué eligió venir. La diferencia entre mi hija y tú es que ella tiene acceso a mí, tiene derecho a mí. Timothy Keller escribió: «*La única persona que se atreve a despertar a un rey a las 3:00 a. m. por un vaso de agua es su hijo. Nosotros tenemos esa clase de acceso*».[3]

Como hijos e hijas de Dios, tenemos esta clase de acceso a nuestro Padre celestial. Aún mejor, Dios nunca se enoja por esto con nosotros; no es como un vecino al que molestamos temprano por la mañana (Prov. 27:14). Dios no necesita dormir y, por tanto, al igual que Jesús, podemos acercarnos a Él en cualquier momento.

Pero Jesús no solo enseñó *cuándo* orar, también nos enseñó *cómo* orar.

Anteriormente, consideramos cómo la oración defendía la fe. En Efesios 6:18, Pablo no solamente les dijo a los cristianos cuándo orar («en todo tiempo»), sino cómo orar: «en el Espíritu». Solo los cristianos tienen al Espíritu de Dios en ellos (Rom. 8:9,14). Todos los que tienen el Espíritu son hijos e hijas de Dios. ¿Por qué importa esta verdad cuando consideramos cómo Jesús enseñó la oración? Importa porque Jesús instruyó a los hijos e hijas de Dios a orar a Su Padre celestial. Si no somos un hijo o una hija, si no estamos en la familia, entonces no podemos orar al Padre.

Cuándo orar: en todo tiempo (Ef. 6:18; 1 Tes. 5:17).

---

3. Keller, Timothy: https://twitter.com/timkellernyc/status/569890726349307904?lang=en.

Cómo orar: en el Espíritu.

«Padre nuestro». Esas son las primeras dos palabras de la oración que Jesús enseña. En Mateo 6:9-13, Jesús nos mostró cómo orar:

«Vosotros, pues, oraréis así:
Padre nuestro que estás en los cielos,
santificado sea tu nombre.
Venga tu reino.
Hágase tu voluntad, como en el cielo, así también en la tierra.
El pan nuestro de cada día, dánoslo hoy.
Y perdónanos nuestras deudas, como también nosotros perdonamos a nuestros deudores.
Y no nos metas en tentación, mas líbranos del mal».

Ahora bien, Jesús no nos mandó orar solo esta oración, aunque es una oración maravillosa. Nos ordenó orar como esta oración. ¿Cómo hacemos eso?

Oramos a nuestro Padre que está en los cielos (v. 9)

La oración refleja la unidad que tenemos con todos los cristianos. Todos oramos al mismo Padre porque todos somos miembros de la misma familia. La oración que Jesús nos da nos recuerda que la oración no es solo para ti, sino para *nosotros, así que* **oramos** *a nuestro Padre*. Además, la oración nos recuerda que el reino de este mundo no es finalmente nuestro hogar; el reino de los cielos es a donde pertenecemos, y Dios gobierna el universo desde allí. Por tanto, los cristianos oran a Su Padre que está en los cielos.

Pedimos que se haga Su voluntad (v. 10)

Cuanto más crecemos como cristianos, más queremos que se expanda el reino y el propósito de Dios, no el nuestro. Cuanto más crecemos como cristianos, más queremos orar para que se cumpla la voluntad de Dios y no la nuestra. Eso es lo que Jesús hizo. «Hágase tu voluntad» es lo que Jesús oró en lo que tal vez fue Su momento más estresante en la tierra (Luc. 22:42). Nuestras oraciones deben ser un eco de la suya. Por tanto, los cristianos oran para que se haga la voluntad de su Padre.

Le pedimos que provea lo que necesitamos (v. 11)

Jesús nos enseña que pidamos nuestro pan de cada día. Él habla de pan porque eso es lo que Dios le dio a Su pueblo todos los días cuando los rescató de Egipto (Ex. 6). Al enviarles pan del cielo, Dios cuidó de Su pueblo. Les mostró que Él es Dios, y que debían confiar en Él. Asimismo, la oración expresa nuestra confianza en Dios. Cuando vamos a Dios y le pedimos por nuestras necesidades diarias,

> *demostramos que reconocemos que toda buena dádiva proviene de Él,*
> *y nos damos otra oportunidad de agradecerle por esos regalos* (Sant. 1:17).

Un detalle maravilloso sobre la oración de Jesús es que no es larga. Cuando oramos, a menudo nos preguntamos por qué estamos diciendo las palabras que decimos. Pero no tenemos que convencer a Dios con muchas palabras. El contexto de Mateo 6 nos muestra esta verdad. Justo antes de Su modelo de oración, Jesús nos recuerda que de todos modos Dios ya sabe lo que necesitamos (Mat. 6:8). Por tanto, los cristianos pueden hacer oraciones sencillas, pidiéndole a su Padre que lo conoce todo y suple todas las necesidades físicas de Sus hijos.

Le pedimos que provea lo que más necesitamos (v. 11)

Observa de nuevo el versículo 11. Jesús no solo nos enseña a orar por nuestras necesidades físicas, sino también por nuestra necesidad espiritual más profunda, *el perdón de nuestros pecados*.

> *El único camino para satisfacer esta necesidad es a través de Jesús;*
> *Él es el único camino para que nuestros pecados sean perdonados. Él es el único camino a la vida espiritual,*
> *y eso es exactamente lo que el pan del cielo debía mostrar al pueblo de Dios (Juan 6:35).*

¿Recuerdas en el capítulo 1 cómo hablamos sobre la necesidad de confesar nuestros pecados? Aquí, Jesús nos muestra eso, no porque Él tuviera algún pecado que confesar, sino porque la gente a la que estaba enseñando sí. **El cristiano que sabe que sus pecados han sido perdonados a través de Jesús, naturalmente, perdonará a otros**, no porque perdonar a otros sea el camino para ser aceptado por Dios, sino porque es *evidencia de que ya hemos sido aceptados por Él*.

En resumen, las **personas perdonadas perdonan a otros**. Además, las personas perdonadas admiten que necesitan ayuda. La oración de Jesús no es una oración para superhéroes espirituales; es una oración para débiles espirituales. Es una oración que solo puede orarse si sabemos que necesitamos ser rescatados del mal. *Los cristianos necesitan perdón y protección del mal y, por tanto, oramos para que nuestro Padre supla nuestras necesidades espirituales.*

¿No es bondadoso por parte de Jesús enseñar cómo los hijos de Dios deben orar? Si tenemos al Espíritu, entonces podemos orar al Padre. Lo que es aún mejor, ¡el Espíritu nos ayuda a orar! La Biblia nos da esta promesa:

«Y de igual manera el Espíritu nos ayuda en nuestra debilidad; pues qué hemos de pedir como conviene, no lo sabemos, pero el Espíritu mismo intercede por nosotros con gemidos indecibles» (Rom. 8:26).

Si no estás seguro de cómo orar, tranquilo. Dios dice que eso es de esperarse. Por esa razón, este capítulo trata sobre la instrucción básica y bíblica de la oración.

Entonces, ¿cómo oran los cristianos?

**Oramos en el Espíritu,
por medio del Hijo
y al Padre.**

Cuando sabemos cómo orar, no tenemos que preocuparnos de si lo estamos «haciendo correctamente» o no. Cuando sabemos cómo orar, podemos disfrutar de la libertad.

> Podemos orar en voz alta o mentalmente.
> Podemos hacer oraciones cortas y oraciones largas.
> Podemos orar de rodillas o de pie.
> Podemos orar usando nuestras propias palabras,
> o usando la Palabra de Dios.

Un hábito maravilloso a desarrollar es *orar la Biblia al hablar con Dios*. ¿Por qué no tomar lo que leíste en tu tiempo devocional y convertirlo en lo que oras? Como señaló Don Whitney: «Los cristianos a menudo no oran sencillamente porque no tienen ganas de hacerlo. Y la razón por la que no tienen ganas de orar se debe a que cuando oran, tienden a decir las mismas cosas de siempre».[4] Orar la Biblia les da a nuestras oraciones palabras frescas para lo que pueden parecer temas rutinarios.

JASON

En ocasiones, Jason cree saber lo que más desea en la vida, y se lo pide a Dios. Pero comienza a alegrarse de que Dios no le haya dado todo lo que pensó que quería. Está aprendiendo que el «no» de Dios es mejor que su «sí».

Además, Jason está aprendiendo que, aunque Dios no le da todo lo que quiere, Dios le da todo lo que necesita. Lo que él más necesitaba en la vida era un historial perfecto ante Dios y el corazón limpio que viene con él. Después de pecar, David oró a Dios, pidiéndole que creara en él un corazón limpio (Sal. 51). Jason está comenzando a orar el Salmo 51; está empezando a orar la Palabra de Dios. Lo que está viendo es un nuevo corazón que lo lleva a vivir una nueva clase de vida. Lo lleva a la adoración, el último tema a considerar para el entrenamiento personal de Jason.

VERSÍCULO PARA MEMORIZAR

«Y de igual manera el Espíritu nos ayuda en nuestra debilidad; pues qué hemos de pedir como conviene, no lo sabemos, pero el Espíritu mismo intercede por nosotros con gemidos indecibles» (Rom. 8:26).

RESUMEN

En este capítulo, aprendimos que la oración es el medio a través del cual los cristianos hablan con Dios. La oración es una gran responsabilidad, oportunidad y

---

4. Whitney, Donald S.: *Praying the Bible*, p. 11 (Wheaton, IL: Crossway, 2015) [Libro también disponible en español: *Orando la Biblia* (B&H, 2016)].

privilegio. Debemos orar porque glorifica a Dios, expresa nuestra fe, defiende nuestra fe y sirve a los demás. Debemos orar porque Dios nos escucha y cuida de nosotros, y podemos orar gracias a Jesús, quien nos da acceso a Dios y quien nos enseña cuándo y cómo orar.

¿CUÁL ES EL PUNTO?

Los seguidores de Jesús adoran a Dios con toda su vida.

CAPÍTULO 5

La adoración: Vivir para Dios

JASON

—¿Qué crees que significa adorar a Dios, Jason? —preguntó Eddy.

—Eh, bueno, cuando era niño creía que la adoración era el par de canciones que cantaba mi madre antes de que algún predicador se levantara y hablara por mucho tiempo. Ahora me gustan las canciones, la mayoría de ellas, al menos.

A medida que Jason se ejercita para la piedad, está aprendiendo que la adoración es mucho más que cantar. Está aprendiendo que, en respuesta a la misericordia de Dios, debe entregar todo su ser a Dios, como Dios llama a todos los cristianos a hacer. *Dios ha creado cada parte de nosotros*, **y pagó por cada uno de nuestros pecados**. Fuimos comprados con un precio (*comp.* 1 Cor. 6:19-20). Le debemos todo a Dios, por lo que no solo le ofrecemos una parte de nosotros. En cambio, le entregamos nuestro todo. Esta verdad es importante porque ayuda a Jason a reflexionar correctamente sobre la adoración.

> **DETENTE**
>
> ¿Cómo definirías la adoración y por qué la definirías de esa manera?

¿QUÉ ES LA ADORACIÓN?

Como dijimos en el capítulo 1, no solo estamos tratando de reflexionar sobre las disciplinas espirituales, sino que también intentamos reflexionar sobre ellas *bíblicamente*. ¿Entonces cómo define la Biblia la adoración? Romanos y Hebreos nos ayudan:

*«Así que, hermanos, os ruego por las misericordias de Dios, que presentéis vuestros cuerpos en sacrificio vivo, santo, agradable a Dios, **que es vuestro culto racional**»* (Rom. 12:1).

*«Así que nosotros, que estamos recibiendo un reino inconmovible, seamos agradecidos. Inspirados por esta gratitud, **adoremos a Dios como a él le agrada, con temor reverente**»* (Heb. 12:28, NVI).

¿Qué es la adoración según la Biblia? Básicamente, **la adoración es la respuesta correcta del cristiano a Dios.**

La adoración es la respuesta correcta de la criatura al Creador, dice D. A. Carson.[1] *Es ofrecernos a Dios*. Cuando entendemos el evangelio y lo que significa para nuestras vidas, queremos entregarnos completamente a Dios.[2] En resumen, aunque las canciones son maravillosas y forman parte de la adoración, la adoración es mucho más que una canción. Como lo expresó Matt

---

1. Carson, D. A.: *Worship by the Book* [Adorar según la Palabra], p. 29 (Grand Rapids, MI: Zondervan, 2002).

2. Peterson, David: *Engaging with God*, p. 242 (Downers Grove, Il: IVP, 1992) [Libro también disponible en español: *En la presencia de Dios* (Publicaciones Andamio, 2003)].

Boswell: «La "adoración" es una doctrina demasiado pesada para que el "canto" la soporte por sí solo».[3] Ciertamente, una iglesia local adora a Dios cuando se reúne, lo que a menudo se conoce como «adoración congregacional»; hablaremos más de esto en el próximo capítulo. Sin embargo, la adoración es mucho más que una reunión de la iglesia.

Si bien nuestra definición de adoración puede ser breve, no es superficial. Romanos 12:1 y Hebreos 12:28 brindan al menos cuatro formas para reflexionar sobre ofrecernos a Dios. Nuestra adoración es:

1) teocéntrica
2) total
3) temerosa
4) agradecida

JASON

Cuando Jason escuchó por primera vez esta definición, le pareció realmente estricta. Después de todo, ¿la adoración no se trata de cómo nos expresamos y conectamos con Dios? Pero después de pensarlo un poco, esta definición le pareció liberadora, y espero que a ti también te lo parezca.

LA ADORACIÓN ES TEOCÉNTRICA

La adoración se trata de Dios. Al igual que todas las cosas, *es para Dios*, y *comienza con Dios* (Rom. 11:36). Por eso, definimos la adoración como la *respuesta* correcta a Dios; *comienza con Él, no con nosotros*. Los cristianos responden, pues, a quién es Dios y a lo que Él

---

3. Boswell Matt: https://twitter.com/MattBoswell/status/1015765557784776706?s=20.

ha hecho. Además, Dios es tan bondadoso que nos atrae para responderle.

Tanto en Romanos 12 como en Hebreos 12, vemos que la adoración se dirige a Dios y a nadie más. Esto importa debido a que, como pecadores, queremos adorarnos a nosotros mismos, no a Dios.

> **JASON**
>
> «Hace décadas, cuando iba a la universidad —dijo Eddy a Jason—, creía que sabía lo que significaba vivir una vida piadosa. Vivía como si fuera alguien espiritualmente maduro y como si pudiera manejar las cosas por mi cuenta, pero rápidamente caí en una vida de pecado, de fiestas, de todo lo que el mundo dice que la universidad debe ser. No vivía una vida de adoración a Dios; vivía una vida que me adoraba a mí».

Todas las personas adoran algo. La pregunta es: ¿a *quién* o *qué* adoras? Por eso, estamos hablando de la clase correcta de adoración. Si lees Génesis 1, verás que las personas fueron creadas para adorar a Dios. Pero después de que el pecado entrara en escena en Génesis 3, las personas no deseaban adorar a Dios, deseaban adorarse a ellas mismas. En la torre de Babel, la gente no quería adorar el nombre de Dios; quería adorar su propio nombre (Gén. 11:4). La adoración correcta, no obstante, se trata de Dios y, por tanto, los cristianos adoran solo a Dios:

«*No tengas otros dioses además de mí. No te hagas ningún ídolo, ni nada que guarde semejanza con lo que hay arriba en el cielo, ni con lo que hay abajo en la tierra, ni con lo que hay en las aguas debajo de la tierra. No te inclines delante de ellos ni los **adores***» (Ex. 20:3-5, NVI).

Algunas traducciones de la Biblia utilizan la palabra «servir» en lugar de «adorar». Eso se debe a que *la adoración es servicio*, y lo que la Biblia deja claro es que *nuestro servicio debe ser, en última instancia, a Dios.* **Como cristianos, ya no nos servimos a nosotros mismos; nos ofrecemos a Dios.** El gran mandamiento dice:

«*Y amarás al Señor tu Dios con todo tu corazón, y con toda tu alma, y con toda tu mente y con todas tus fuerzas*» (Mar. 12:30).

Debemos amar a Dios antes que todo, y debemos amarlo con nuestro todo: con todo nuestro ser.

LA ADORACIÓN ES TOTAL

¿Recuerdas el método O.O.I.A. del capítulo 2? Es muy útil en este punto. Ahora toma unos minutos para pedirle a Dios en **oración** que te ayude a entender Marcos 12:30.

Luego, **observemos**. Vuelve a leer Marcos 12:30, y pregúntate: ¿cuáles son las palabras que se repiten? *Rodea con un círculo cada vez que aparezcan.* Las palabras en la cuales nos enfocaremos son «todo», «toda» y «todas». Deberías tener al menos cuatro círculos porque cuatro veces nos llama Dios a amarlo con todo nuestro ser.

Ahora, **interpretemos** al observar el contexto más amplio de Marcos 12:30. En Marcos 12:29, un maestro le pregunta a Jesús cuál es el mandamiento más importante. Veamos de cerca la respuesta de Jesús:

«*Jesús le respondió: El primer mandamiento de todos es: Oye, Israel; el Señor nuestro Dios, el Señor uno es*».

¿Por qué habla Jesús de que Dios es uno justo antes de hablar sobre cómo debemos amar a Dios con todo nuestro ser? Un maestro de la Biblia dijo que se debe a que Dios nos está enseñando que *Dios es indivisible.*

Y debido a que Dios es así, debe ser abordado y adorado por una persona indivisa: todo tu corazón, toda tu alma, toda tu mente, todas tus fuerzas. En otras palabras, todo tu ser. Cada parte de él. Dios no es arrastrado en diferentes direcciones. Y nosotros tampoco debemos serlo al adorarle. La verdadera fe y confianza en Dios no están divididas. Dios no está buscando personas que puedan darle sus fuerzas (arreglar el techo de la iglesia o servir en misiones a corto plazo), mientras sus mayores amores y deseos más profundos se dirigen a otra parte.[4]

Por tanto, Marcos 12:29-30 quiere decir que debemos amar a Dios con todo nuestro ser; nuestra adoración debe ser indivisible; debe ser total.

Ahora, **apliquemos** esta verdad.

JASON

En resumen, para Jason significa que no puede adorar a Dios los domingos y seguir emborrachándose con Al los viernes. Significa que los jueves por la tarde, cuando Jason está en el trabajo, debe ser honrado en sus negocios. Como cristiano, Jason anuncia cómo es Dios, y si Jason es un estafador, ¡le enseña a la gente que Dios es un estafador! Dios no salvó a Jason para que cantara una o dos canciones los domingos por la mañana; salvó a Jason para los lunes por la noche, los miércoles por la tarde y los viernes por la noche. Jason completo es de Dios todo el tiempo, y la buena noticia es que, gracias a Jesús, Dios completo es de Jason todo el tiempo.

La Escritura dice: «*Venid, adoremos y postrémonos; arrodillémonos delante de Jehová nuestro Hacedor*» (Sal. 95:6). La adoración consiste en reconocer lo que Dios vale y responder consecuentemente.

> *Podemos responder con una canción.*
> *Podemos responder leyendo la Palabra de Dios y orando.*

---

4. Gibson, David: *Living Life Backward* [Vivir la vida marcha atrás], p. 80 (Wheaton, Il: Crossway, 2017).

Isaac Adams

Esta clase de adoración se dirige directamente a Dios, y *si no estamos pensando en Dios mientras cantamos, oramos o leemos, realmente no estamos adorando*.[5] Jesús habló sobre personas que lo honraban con sus labios, pero cuyos corazones estaban lejos de Él (Mat. 15:8).

Sin embargo, también hay una clase de adoración que ofrecemos indirectamente a Dios. La adoración directa es la que hacemos pensando en Dios: cosas como cantar, orar, leer la Biblia. Pero lavar los platos o conducir también es adoración a Dios. No tenemos que estar pensando en Dios mientras conducimos para que sea adoración: «*¡Oh Dios, te alabo mientras hago este giro a la izquierda!*». En cambio, si lo hacemos como Él dice, lo cual en este ejemplo significa conducir de forma correcta, lo alabamos de manera indirecta. Toda nuestra vida, ya sea directa o indirectamente, puede apuntar a Dios, por lo que toda nuestra vida puede ser adoración.[6] En resumen:

- La manera como **pensamos** es para Dios (Fil. 3:19-20; 4:8).
- La manera como **hablamos** es para Dios (Ef. 4:29).
- La manera como **gastamos nuestro dinero** y **disfrutamos de los regalos de Dios** es para Dios (1 Tim. 6:17).
- La manera como **trabajamos** es para Dios (Col. 3:23-24).

---

5. Whitney, Donald S.: *Spiritual Disciplines for the Christian Life*, p. 106 (Colorado Springs, CO: NavPress, 2014) [Libro también disponible en español: *Disciplinas espirituales para la vida cristiana* (Tyndale House Publishers, 2016)].

6. Estoy en deuda con Matt Merker por las categorías de adoración directa e indirecta.

- La manera como **comemos y bebemos,** *lo que sea que hagamos, todo lo que hacemos*, debe ser para Dios (1 Cor. 10:31).

LA ADORACIÓN ES TEMEROSA

La adoración total nos ayuda a pensar en la adoración temerosa. ¿Por qué? Hebreos 12:28 nos ayuda. Recuerda cómo hablaba de adorar a Dios con temor y reverencia. Esas no son palabras que solemos usar. ¿Qué significan? Significan vivir en el temor de Dios.

El temor al Señor es una frase que encontrarás a medida que leas la Biblia. Cuando leemos en la Biblia lo que dice sobre temer a Dios, vemos que temer a Dios significa estar asombrados por Dios. Cuando tememos a Dios, podemos ver cuán limpio es de toda suciedad, cuán lejos está del mal, y temblamos. Esta es la descripción básica de nuestra tarea: temer a Dios, nuestro juez (Ecl. 12:13).

Tal vez el temor a Dios esté mejor representado que definido. En la Biblia, un hombre llamado Isaías ve un destello de Dios, y nos muestra cómo es el temor a Dios.

«El año de la muerte del rey Uzías, vi al Señor excelso y sublime, sentado en un trono; las orlas de su manto llenaban el templo. Por encima de él había serafines, cada uno de los cuales tenía seis alas: con dos de ellas se cubrían el rostro, con dos se cubrían los pies, y con dos volaban. Y se decían el uno al otro: "Santo, santo, santo es el Señor Todopoderoso; toda la tierra está llena de su gloria". Al sonido de sus voces, se estremecieron los umbrales de las puertas y el templo se llenó de humo. Entonces grité: "¡Ay de mí, que estoy perdido! Soy un hombre de labios impuros y vivo en medio de un pueblo de labios blasfemos, ¡y no obstante mis ojos han visto al Rey, al Señor Todopoderoso!"» (Isa. 6:1-5, NIV).

El temor al Señor incluye aborrecer el mal (Prov. 8:13). Cuando Isaías ve cuán santo es Dios, cuán diferente es de todo lo demás, responde odiando su pecado, su maldad. Si sigues leyendo este pasaje, verás que Isaías, después de que sus pecados fueron pagados, quiere obedecer a Dios y servirle con toda su vida (vv. 6-8).

El ejemplo de Isaías nos muestra que temer a Dios significa servirle con toda tu vida porque sabes que Dios es el gobernante, juez y salvador de tu vida.

Por tanto, le servimos con reverencia, lo cual significa mostrándole el debido respeto.

No obstante, ese respeto no solo implica sentarse derecho durante un culto de la iglesia. Más bien, la adoración reverente es servir al Dios santo y responder de acuerdo a Su Palabra. En Su Palabra, Dios ha establecido los términos en los cuales debemos servirle. Por esa razón, definimos la adoración como la respuesta *correcta* a Dios. Como dijo Vaughan Roberts: «Existe tal cosa como una falsa adoración que no agrada a Dios».[7] Por tanto, los cristianos adoran a Dios con reverencia, lo que quiere decir que lo adoran correctamente, incluso temerosamente.

LA ADORACIÓN ES AGRADECIDA

Y, aun así, la adoración no se trata solo de mostrar el debido respeto, sino también de deleitarnos en Dios y Sus regalos (Deut. 28:47; 1 Tim. 6:17). Debemos disfrutar a Dios y lo que Él nos ha dado, y debemos hacerlo con corazones agradecidos.

---

7. Roberts, Vaughan: *True Worship* [Verdadera adoración] (Milton Keynes: Authentic, 2002), edición Kindle, Introducción. Ver también *Engaging with God* de David Peterson: «Desde una perspectiva bíblica, la adoración al Dios vivo y verdadero es, en esencia, un compromiso con Él en los términos que Él propone y en la forma que solo Él hace posible» (p. 55).

No podemos pasar por alto este punto: *la adoración correcta es la adoración agradecida*. La culpa y la vergüenza no deberían motivarnos. Nunca deberíamos vivir para Dios porque sentimos que tenemos que hacerlo, porque, ya sabes, Dios lo dijo y nos compró con la sangre de Su Hijo. ¡La adoración no es una transacción!

En cambio, *el gozo debe motivar nuestra adoración*, el gozo de saber que **Jesús nos ha librado de la culpa y la vergüenza**; el gozo que viene de recibir buenos regalos de un Padre bondadoso. Lo que debe motivar nuestra adoración es el mero hecho de *poder* adorar al único Dios verdadero. El cristiano que crezca en la piedad verá la adoración menos como una obligación y más como un gozo.

> **DETENTE**
>
> ¿Ves *la adoración como un gozo*? ¿Es la adoración solo una rutina que haces antes de que el predicador enseñe, o es lo que hemos descrito en este capítulo?

Regresa a Hebreos 12:28. El autor da una razón para alabar con gratitud a Dios: como cristianos, hemos recibido el reino de Dios. Somos sus ciudadanos (Fil. 3:20). Aunque éramos indignos, *Dios nos ha dado este increíble regalo, y el precio que pagó fue la inestimable sangre de Su propio Hijo*. Adorar solo por un sentido del deber es perder la grandeza del evangelio. La gratitud es el idioma del cielo, todos allí dan gracias, pero nadie habla este dialecto en el infierno.

La adoración verdadera es, pues, el servicio motivado por la gratitud al evangelio y la esperanza que nos da. Esa es la razón por la cual los cristianos adoran a Dios con gratitud.

Hemos visto que la adoración verdadera es *la respuesta correcta a Dios*. Es el servicio que

comienza con Dios,
se centra en Dios, y
> sin la obra de Dios *en* nuestras vidas,
> no podríamos adorar a Dios *con* nuestras vidas.

La adoración cristiana es temerosa y, sin embargo, como nos regocijamos en ella, *la adoración cristiana es agradecida*. Los cristianos son personas que llegan a ver dos cosas más claramente. Por un lado, ven lo que merecen. Por otro lado, ven cuán bondadosamente Dios los ha tratado en Cristo.

Por tanto, los cristianos adoran.

JASON

¿Por qué es todo esto importante para Jason? Reflexionar correctamente sobre la adoración ayudará a librarlo de adorar incorrectamente.

> *Lo libra de pensar que la única forma en que puede conectar de verdad con Dios es a través de la música que le gusta.*

> *Lo libra de pensar que la adoración debe incluir un éxtasis espiritual emocional «como si la adoración fuera algo que inhalas».*[8]

Jason solía pensar que la adoración más superespiritual ocurría cuando las personas levantaban sus brazos durante la música en la iglesia. No hay nada de malo en hacer eso; el autor de este libro lo hace de vez en cuando. Pero las verdades que hemos visto nos recuerdan que *la adoración se trata más bien de honrar a Dios con nuestras vidas, no solo con nuestros brazos.*

---

8. Roberts: *True Worship* [Verdadera adoración], capítulo 2.

Además, estas verdades liberan a Jason de vivir como si el mundo girara a su alrededor.

Las personas que no son cristianas quieren adorar al yo. Pero los cristianos quieren adorar al

> Padre,
> Hijo
> y Espíritu.

Si bien cantar alabanzas a Dios le brinda a Jason más gozo, también está encontrando gozo al animar a otros cristianos y oírlos cantar alabanzas a Dios. Mientras reflexionamos sobre el entrenamiento de Jason, pasaremos a su entrenamiento público. Veremos las cosas que los cristianos hacen con otras personas, y por qué Jason debe participar en esas actividades si realmente se está ejercitando para la piedad. Vamos a comenzar con un grupo de personas que quizás no esperes: una iglesia.

VERSÍCULO PARA MEMORIZAR

«*Y amarás al Señor tu Dios con todo tu corazón, y con toda tu alma, y con toda tu mente y con todas tus fuerzas. Este es el principal mandamiento*» (Mar. 12:30).

RESUMEN

En este capítulo, aprendimos que la adoración es la respuesta correcta del cristiano a Dios. Según la Biblia, nuestra adoración es teocéntrica, total, temerosa y agradecida. La adoración puede ser individual, como hemos hablado en este capítulo, o congregacional, como hablaremos en el próximo. Aunque podemos adorar a Dios directa o indirectamente, toda nuestra vida debe señalarlo a Él. Para eso fuimos creados, y para eso Jesús pagó el precio.

¿CUÁL ES EL PUNTO?

Los seguidores de Jesús no siguen a Jesús solos.

CAPÍTULO 6

La iglesia: Amar a tu familia

JASON

Es domingo por la mañana, Jason entra y ve a la Sra. Pearl. Ella ha amado a Jesús el doble de tiempo de lo que Jason lleva de vida. Lleva puesto su clásico traje de terciopelo color granate, y el cabello canoso trenzado sobre su cabeza en forma de corona. Sus zapatillas deportivas, esponjosas y blancas, parecen nubes. Aunque parecen suaves, las correas de velcro están bien apretadas. La Sra. Pearl es mayor, afroamericana del sur de Estados Unidos y está aquí para alabar a Dios y animar a sus hermanos y hermanas en Cristo.

No puede ponerse de pie para cantar debido a sus problemas de cadera, pero está allí, en el mismo salón que Jason, un joven de ascendencia irlandesa. Sentada en su asiento habitual en la segunda fila, la Sra. Pearl saluda a Marie, la madre de Jason, invitándola a sentarse junto a ella. Marie honró la invitación, y Jason pensó que él también lo haría. Jason no entendía muy bien las cosas espirituales que decía la Sra. Pearl, pero cuando alzó la vista, la vio abrazando a su madre fuertemente. Sin soltarla, comenzó a orar apasionadamente por ella.

Esto parecía un asunto privado, por lo que Jason, sintiéndose un poco incómodo, miró hacia otro lado. Se sintió aliviado de encontrar a Eddy. Hace una década, un juez liberó a Eddy de prisión. A Eddy todavía le costaba conseguir un buen trabajo dado sus antecedentes, pero eso no le ha impedido invitar a comer a Jason cuando se reúnen. Aunque tiene poco dinero, Eddy tiene mucho amor. Por lo general, se detenía y charlaba con Jason, pero estaba ocupado arreglando las sillas para la gente que entraba en el salón. Tenía a unos cuantos voluntarios que lo ayudaban, pero aun así estaba sudando. Jason recordó que Eddy era diácono, lo que sea que eso significara.

Más personas se amontonaron en el salón. Patrick, un hombre rico de Filipinas, llegó y se sentó en la primera fila junto a Zamari, una estudiante de posgrado que estaba de vacaciones en casa. La esposa de Patrick murió de cáncer el año pasado, y Zamari acababa de comprometerse. Patrick le preguntó a Zamari cómo fue su propuesta de matrimonio, y se veía tan feliz por ella que Jason pensó que era Patrick quien se había comprometido.

A continuación, los Johnson, una familia de, bueno, muchos, entraron en el salón. Llegan un poco tarde y hacen algo de ruido, a pesar de su intento por pasar inadvertidos. El Sr. Johnson sostenía a su hija de un año, Chloe, como un balón de fútbol americano. La Sra. Johnson, embarazada, no hacía más que disculparse con las personas a las que Chloe arrojaba cereales. La gente simplemente se reía. Al buscar asientos, el Sr. y la Sra. Johnson parecían aferrarse a su cordura tanto como se aferraban a sus hijos. Pero los Johnson estaban allí y parecían con ganas de estarlo.

En la esquina delantera, una hermana brasileña se sienta al piano y un hermano coreano se sienta al cajón. Ambos comienzan a tocar, mientras el pastor se pone de pie al frente del salón.

—Buenos días, amados. Dios nos ha dado la gracia de reunirnos una vez más. —Sus cálidas palabras dan la sensación de un abrazo verbal.

—¡Aleluya! ¡Así es! —grita la Sra. Pearl, meciéndose en su asiento con una sonrisa torcida y una mano levantada. Con la otra mano sujeta el bastón.

Los ojos de Zamari se abrieron de par en par después del estallido de la Sra. Pearl. Había pasado algo de tiempo desde la última vez que Zamari visitó este lugar, pero descubrió lo que todos los demás parecían saber: con cada mes que pasaba, la querida Sra. Pearl se volvía más animada. Se inclinó hacia Jason, y dijo con una sonrisa: «Dios es bueno, cariño, y no voy a dejar que las piedras griten por mí».

Jason no tenía idea de lo que quiso decir y, sin embargo, el pastor al frente seguía sonriendo y continuaba hablando. Mientras lo hacía, Jason escuchaba.

¿Qué es este lugar? ¿Qué es este lugar donde ricos y pobres, ancianos y jóvenes, negros y blancos se reúnen y se sirven unos a otros?

Es una iglesia.

ENTRENAMIENTO PÚBLICO

En la primera parte de este libro, vimos el entrenamiento personal: las disciplinas espirituales que los cristianos practican de manera individual mientras siguen a Jesús. Consideramos las disciplinas de:

la lectura de la Biblia,
la oración
y la adoración.

Ahora, *al pasar al entrenamiento público*, consideraremos las disciplinas espirituales que los cristianos practican con otros. En este capítulo, veremos las formas en que los cristianos aman a otros cristianos. En el próximo capítulo, veremos cómo los cristianos pueden amar a personas que no son cristianas.

En el capítulo anterior, Jason aprendió que **la vida cristiana no es solo la vida dominical, sino la vida diaria**. Sin embargo, eso no significa que lo que sucede los domingos no sea importante. De hecho, la Biblia tiene mucho que decir sobre la Iglesia. En primer lugar, nos enseña qué es la Iglesia.

> **DETENTE**
>
> Cuando oyes la palabra «iglesia», ¿qué se te viene a la mente? ¿Quién se te viene a la mente?

¿QUÉ ES LA IGLESIA?

La Biblia habla de la Iglesia de dos maneras básicas. Primero, está lo que llamamos la Iglesia universal. *La Iglesia universal es todos los cristianos de todos los tiempos de todas partes del mundo*. La Biblia habla de la Iglesia universal en versículos como Colosenses 1:18:

«[Jesús] es la cabeza del cuerpo».

Esta imagen de la Iglesia como un cuerpo es importante porque no podemos saber *qué es la Iglesia* sin saber *de quién es*, y Colosenses 1 aclara que la Iglesia le pertenece a Jesús. Si Jason forma parte del cuerpo, está conectado a la cabeza.

Jason se alegra por el hecho de estar conectado a Jesús, pero eso también significa algo especial para sus relaciones con otros cristianos, es decir, también está conectado a ellos. *Todos los cristianos son partes diferentes del mismo cuerpo, por lo que todos estamos conectados unos a otros.*

Somos hermanos y hermanas porque Jesús murió para rescatarnos y traernos al Padre.

Somos hermanos y hermanas que tienen el mismo Espíritu, el Espíritu Santo (Ef. 4:3).

Cuando Jesús reúna a la Iglesia universal, estará conformada de personas de todas partes del mundo (Ap. 7:9). Los cristianos están profundamente conectados entre sí porque están conectados a Jesús.

JASON

> Esto quiere decir que Jason tiene más en común con la Sra. Pearl, su hermana a quien Jesús compró con Su sangre, que con Al, su hermano de sangre.

La Iglesia universal es algo increíble. Pero hay otra manera en que la Biblia habla de la Iglesia; *habla sobre lo que comúnmente se conoce como la iglesia local.*

> *La Biblia habla de la Iglesia universal y la iglesia local.*

Pablo escribió a iglesias específicas en ciudades específicas (1 Tes. 1:1), y también escribió a múltiples iglesias locales en un área (Gál. 1:2).

Una iglesia local es una reunión de cristianos que se congrega regularmente en un lugar para oír la enseñanza de la Palabra de Dios y celebrar el bautismo y la Cena del Señor. Explicaré esta definición a medida que avanzamos, pero por ahora consideremos algo básico. Cuando la Biblia habla de la iglesia local, se refiere a una asamblea de personas. Esto significa que una iglesia local no es un lugar, es un grupo de personas. Para tener una iglesia, no necesitas un edificio con un campanario; necesitas al pueblo de Dios, los cristianos. Esos cristianos pueden reunirse al aire libre o en un hotel, en una favela o recinto, donde sea. La cuestión es que *se reúnen* *regularmente y están comprometidos con la Palabra de Dios y unos con otros.*

> **La iglesia local es donde las partes de la iglesia invisible se reúnen y se vuelven visibles. Es donde la familia de Dios se reúne.**

En Marcos 10:29-30, Jesús promete que todo cristiano que deje su casa por causa de Él, encontrará una familia:

«*Respondió Jesús y dijo: De cierto os digo que no hay ninguno que haya dejado casa, o hermanos, o hermanas, o padre, o madre, o mujer, o hijos, o tierras, por causa de mí y del evangelio, que no reciba cien veces más ahora en este tiempo; casas, hermanos, hermanas, madres, hijos, y tierras, con persecuciones*».

¿Dónde es que los cristianos pueden encontrar hermanos, hermanas y madres? En la iglesia. Con todo este lenguaje familiar, no es de extrañar que el apóstol Pablo llame a la iglesia «la familia de la fe» (Gál. 6:10). Así como nuestras familias biológicas forman hogares, nuestras familias espirituales también lo hacen.

DETENTE

¿Has experimentado la vida familiar en la iglesia? Si es así, ¿cómo fue? Si no, ¿cómo quisieras que fuera, y cómo piensas que Dios quiere que sea?

Pablo escribe mucho sobre cómo debe organizarse la familia de la fe, y parte de esa organización incluye dos cosas que toda iglesia debe tener: ancianos y diáconos.

> **En la Biblia, *encontramos que todas las iglesias deben tener ancianos* (Hech. 14:23; Tito 1:5).**

ILUSTRACIÓN

Una ilustración común de los cristianos es que somos ovejas. Si Jesús es el Príncipe de las ovejas como dice 1 Pedro 5, entonces los *ancianos* son *pastores menores* o *pastores subalternos*. **Los ancianos son pastores que protegen a las ovejas que Dios les dio.** *Ellos supervisan lo que ocurre en la iglesia, y se aseguran de que a la congregación se le enseñe la verdad de la Palabra de Dios y no las mentiras del enemigo.*

> Los diáconos son personas como Eddy que sirven a la iglesia haciendo tareas administrativas para que la iglesia no se divida.

ILUSTRACIÓN

Piensa en los diáconos como los camareros de un restaurante. Sirven para que otros puedan venir y disfrutar, no pelear por la comida. Hechos 6 nos da un ejemplo de esta clase de pleito en la iglesia local, y parece que los diáconos son la solución.

¿Quién debe ser un anciano o un diácono? Pablo enumera los requisitos para estos cargos en 1 Timoteo 3, pero una respuesta corta sería que *los hombres piadosos capaces de enseñar pueden servir como ancianos, y los hombres y las mujeres piadosos pueden servir como diáconos.*

Jason observa que la Biblia tiene mucho que decir sobre la iglesia: qué es, de quién es, y cómo está estructurada. No siempre lo entiende así de claro, pero ha aprendido lo suficiente para saber que **Dios se preocupa mucho por la iglesia local.**

Entonces, sabemos un poco sobre lo que es una iglesia local. ¿Pero qué es lo que realmente ocurre cuando la familia de Dios se reúne?

¿QUÉ SUCEDE EN LA IGLESIA?

La iglesia es la reunión familiar semanal del pueblo de Dios, y aquí presentamos cinco cosas primordiales que ocurren cuando este se reúne.

1. En la iglesia, se predica la Palabra de Dios (Hech. 2:41-42). En Hechos 2, encontramos el comienzo de la iglesia local.[1] Pedro predica uno de los primeros sermones cristianos (2:14-41). ¿Y cómo responde la gente?

«Así que, los que recibieron su palabra [la de Pedro] fueron bautizados; y se añadieron aquel día como tres mil personas. Y perseveraban en la doctrina de los apóstoles, en la comunión unos con otros, en el partimiento del pan y en las oraciones».

El amor por la Palabra de Dios caracterizó a la iglesia primitiva. Se dedicaron a su enseñanza. Si los discípulos son estudiantes, como dijimos en el capítulo 1, entonces la iglesia local es una escuela. Y tiene todo lo que esperarías que tenga una buena escuela:

maestros,
disciplina,
corrección,
instrucción.

El pueblo de Dios se reúne alrededor de la Palabra de Dios. Es la fogata en torno a la cual se congrega la familia durante sus reuniones semanales.

Por tanto, cuando vayas a la iglesia, pon tus oídos a trabajar. Escucha con atención la Palabra de Dios cuando se enseña. *Ve a la iglesia para prepararte, no para entretenerte.* No te sientes solo para criticar la enseñanza;

---

1. Estoy en deuda con la clase de membresía «La vida juntos» de Capitol Hill Baptist Church por este punto y el siguiente.

siéntate bajo la Palabra de Dios como alguien que la necesita, no como alguien que la juzga.

Una vez alguien le preguntó a un pastor por qué predicaba el evangelio semana tras semana, y él respondió: «Porque lo olvidas semana tras semana». Cuando un miembro de la iglesia preguntó por qué predicaba tanto, otro pastor respondió: «¡Porque pecas tanto!». Aunque son divertidas, las respuestas de estos pastores capturan nuestra necesidad de oír la Palabra de Dios todas las semanas.

2. En la iglesia, se cree la Palabra de Dios, y los creyentes se bautizan (Hech. 2:41-42). ¿Viste qué más ocurrió cuando la Palabra de Dios se predicó en Hechos 2? ¡Las personas creyeron en ella! La fe viene por el oír, como dice Romanos 10. El versículo 41 deja claro que la gente «recibió» la Palabra por lo que era, la verdad. Y respondieron bautizándose, tal como Jesús ordenó a los discípulos que hicieran en Mateo 28:19.

El bautismo es la manera como los cristianos profesan su fe; es la forma en la cual **nos identificamos públicamente con Jesús**. Es la manera de decirle al mundo que nos observa: «Estoy conectado a Jesús. Soy uno de Sus seguidores. Estoy en Su equipo».

ILUSTRACIÓN

En los deportes, las personas representan a su equipo usando una camiseta. Cristiano Ronaldo usa la camiseta de Portugal. Tom Brady usa la camiseta de los Patriotas. Y cuando un cristiano se bautiza, él (o ella) se coloca la camiseta para identificarse con el equipo de Jesús.[2] Y más que eso, cuando los cristianos se bautizan, exteriorizan lo que les ha sucedido espiritualmente. Cuando un

---

2. Conseguí esta ilustración de una camiseta del cerebrito, Jonathan Leeman.

nuevo cristiano desciende a las aguas, demuestra cómo, en cierto sentido, ha muerto. Cuando sale de las aguas, demuestra cómo en Jesús es una nueva persona con una nueva vida. *«Las cosas viejas pasaron; he aquí todas son hechas nuevas»* (Rom. 6:3-4; 2 Cor. 5:17).

Ser bautizado es uno de los primeros actos de obediencia para el cristiano. Es un evento único, que no debe repetirse. Por tanto, si eres cristiano, pero no has sido bautizado, habla con tu pastor. Si ya fuiste bautizado, trabaja por intentar ver que otros se bauticen (hablaremos más de eso en el próximo capítulo).

3. En la iglesia, se toma la cena de Dios (1 Cor. 11). La Cena del Señor, lo que a menudo se conoce como Comunión, es una Cena que Jesús ordenó a los cristianos tomar para recordarlo a Él y Su muerte (1 Cor. 11:24-26). La Cena refleja el amor y la unidad entre el pueblo de Dios, no el egoísmo y la división.

En 1 Corintios 11, Pablo corrige a una iglesia local. Creían que se estaban reuniendo para la Cena del Señor, pero en realidad no lo hacían. ¿Por qué? Porque estos cristianos en Corinto usaban la Cena del Señor para llenarse de comida y alcohol. No se esperaban ni cuidaban unos a otros; solo se cuidaban a sí mismos.

La Cena del Señor no se concibió con ese propósito, sino con el de fortalecernos en nuestra fe, examinarnos a nosotros mismos, recordar la muerte de Cristo y proclamar que Él va a volver. Entonces, mientras Jason se prepara para la Cena del Señor, debe asegurarse de que su relación con el Señor y con los demás esté bien. Pero también debe esperar el día en que el Señor regrese, y disfrutar de la cena como una muestra del banquete que disfrutaremos con Jesús un día (Apoc. 19:6-9).

4. En la iglesia, se cantan alabanzas (Ef. 5:18-19). Considerando cómo los cristianos en Corinto se trataban entre sí, es de esperar que Pablo ordene a los cristianos no embriagarse. Más bien, nos manda: *«Sed llenos del Espíritu, hablando entre vosotros con salmos,* *con himnos y cánticos espirituales, cantando y alabando al Señor en vuestros corazones»* (Ef. 5:18-19).

¿Alguna vez **has considerado cantar como parte de tu obediencia a Jesús?** ¡El mandato que más se repite en la Biblia es el mandato de cantar! Con mucha frecuencia, los cristianos evitan cantar porque no les gustan las canciones o no cantan bien. Pero nuestro Salvador, y no nuestras preferencias o habilidades, debe determinar cuán alto levantamos nuestras voces. Desde que Jesús dejó la tumba vacía, hay mucho por lo cual cantar. No olvidemos que una de las principales razones por las que vamos a la iglesia es para animar a otros cristianos, y una de las principales formas de hacer esto es a través del canto.

5. En la iglesia, el pueblo de Dios ora (Ef. 5:20). Pablo también manda a la iglesia que dé *«siempre gracias por todo al Dios y Padre, en el nombre de nuestro Señor Jesucristo»*.

En Hechos 2:42, vimos que la iglesia primitiva *«perseveraba [...] en las oraciones»*. El pueblo de Dios que se reúne es un pueblo que ora. Si bien la oración individual es maravillosa, hay algo especial en orar con otros cristianos.

> *Esta clase de oración nos ayuda a recordar los intereses de los demás* (Fil 2:4).
> *Esta clase de oración refleja nuestra unidad.*

Orar junto con otros cristianos demuestra que entendemos la conexión que tenemos entre nosotros a través de Jesús. Recuerda, la oración que enseñó Jesús comienza con «Padre *nuestro*», no «Padre *mío*».

ILUSTRACIÓN

En mi iglesia, una hermana anciana blanca, que creció en una sociedad que le dijo que nunca se asociara con personas negras, oraba con un hermano joven negro por sus esfuerzos ministeriales en una universidad históricamente negra. Son miembros de la misma iglesia, y lo que es más importante, miembros del mismo cuerpo: el cuerpo de Jesús. Sus oraciones por él mostraban que sus preocupaciones eran las de ella. Ningún muro que el mundo quisiera levantar podría dividirlos. Así que juntos acudieron ante su Padre celestial con sus peticiones. Esta pequeña escena es como un ensayo general para el gran día en que los cristianos de toda tribu y lengua se reunirán.

Por tanto, si tu iglesia ora unida, súmate a esas oraciones. Di «amén», y hazlo en voz alta. Cuando decimos «amén», estamos diciendo: «estoy de acuerdo con esa oración; esa también es mi oración».

> **DETENTE**
> ¿Cuál de estas cinco actividades aprecias más? ¿Por qué?

> Juntos, los cristianos escuchan la Palabra de Dios,
> bautizan a los que creen,
> toman la Cena del Señor,
> cantan alabanzas a Dios
> y oran.

¿Cómo puede Jason involucrarse en estas cosas? Aquí tienes tres sugerencias tan sencillas que cualquier cristiano puede hacerlas.

¿CÓMO PUEDES AMAR A TU FAMILIA?

ASISTE REGULARMENTE. Lo primero, la forma más básica en que Jason puede amar a su iglesia es asistiendo regularmente. Hershael York describió bien este primer paso:

> El acto de obediencia más fácil para el cristiano es reunirse con la iglesia para adorar los domingos.

Solo requiere que te levantes, te vistas y llegues allí. Sin embargo, sorprendentemente, muchos cristianos en la actualidad no hacen lo más fácil, y se preguntan por qué les cuestan las cosas difíciles.[3]

¿Sabías que Dios ordena a los cristianos reunirse regularmente en una iglesia local? En Hebreos 10:24-25, Dios dice: «*Y considerémonos unos a otros para estimularnos al amor y a las buenas obras; no dejando de congregarnos, como algunos tienen por costumbre, sino exhortándonos*».

Por supuesto, habrá veces en que estaremos enfermos o fuera de la ciudad, pero en general, las personas deben poder contar con que nos reuniremos con la iglesia. *El ministerio más básico que tenemos es el ministerio de simplemente asistir.*

Algunos cristianos dicen que no necesitan una iglesia para animar a otros cristianos; pueden hacer eso con sus amigos cristianos. Pero si no van a la iglesia, ¿cómo participarán de las cinco actividades que acabamos de considerar? No participar de esas cosas es pecado, y si su grupo de amigos practica esas cinco cosas, entonces probablemente sea una iglesia. El consejo del pastor Mark Dever aquí es útil porque conecta amar a las personas en la iglesia con los dos grandes mandamientos que vimos en el capítulo 1:

> La iglesia es lo que da fuerza al mandato de Jesús de amar a tu prójimo como a ti mismo y amar al Señor tu Dios. Hasta que alguien entiende lo que es la iglesia, en realidad solo se trata de alguien que elige amar a sus amigos, e incluso los incrédulos hacen eso (Luc. 6:33). Es la iglesia la que da

---

3. York, Hershael: https://twitter.com/hershaelyork/status/934743300485140481.

forma a esos mandatos al estilo de Jesús, porque es en la iglesia donde todo tipo de personas, que serían enemigos en el mundo, se reúnen.[4]

Si eres cristiano y estás leyendo esto, pero has estado despreciando a la iglesia, tengo buenas noticias para ti: hay gracia para que seas perdonado. Deja que esta gracia te anime a comenzar a asistir a la iglesia regularmente. *Todos en cualquier iglesia están igual de rotos que tú, y necesitan la misma gracia que tú.* A Satanás le encantaría avergonzarte para que no vayas a la iglesia, pero no se lo permitas. Ve qué iglesias hay a tu alrededor, encuentra una que predique las buenas noticias de Jesús y ama a tus hermanos y hermanas asistiendo habitualmente a sus reuniones.

ÚNETE RÁPIDAMENTE. Asistir a la iglesia es un buen paso de amor, pero no es el paso final. Después de todo, ir a la iglesia no te convierte en cristiano, así como estar estacionado en un estacionamiento no te hace un auto. Si eres cristiano y tu iglesia ofrece la membresía, y espero que lo haga, debes amarlos *uniéndote* a su iglesia como miembro.

Si decimos que pertenecemos a *la Iglesia universal* sin pertenecer a *una iglesia local*, sonamos como alguien que dice ser jugador de béisbol, pero no forma parte de un equipo. Simplemente no tiene sentido. La Biblia presenta la expectativa de que nos unamos a iglesias locales. En 1 Corintios 5, Pablo dice que *se puede estar dentro o fuera de la iglesia local.* ¿Cómo podemos saber la diferencia? *La membresía de la iglesia es la respuesta.*

Anteriormente en este capítulo, hablamos de la vida familiar de una iglesia. Muchos cristianos se pierden el gozo y la belleza de esto porque no se comprometen con una iglesia. Un muchacho que tiene muchas citas con

---

4. Mark Dever me dijo esto en una conversación personal.

muchas jovencitas puede divertirse, pero nunca experimentará el profundo amor que ofrece el matrimonio. Además, está claramente interesado en lo que puede obtener de las relaciones y no en lo que puede darles.

Asimismo, aquellos que «salen» con muchas iglesias, pero no se comprometen con una, jamás experimentarán la profundidad del amor que una iglesia local puede ofrecer.[5] *Ser cristiano es ser alguien que no está buscando ser servido, sino servir*, lo cual nos lleva a nuestra última sugerencia.

SIRVE FIELMENTE. En Marcos 10:43-45, Jesús dijo que el más grande entre nosotros sería un siervo. Jason puede amar a su iglesia sirviéndola fielmente. Con servir fielmente, simplemente quiero decir que las personas pueden confiar en que Jason ayudará de cualquier manera posible. Hay muchas formas en que puede ayudar. No necesita esperar a sentirse «dotado» en cierta área, y ciertamente no debería exigir servir solo donde y cuando quiera. Si hiciera eso, demostraría que su servicio se trata más de él que de aquellos a los que está sirviendo. Pero si Jason está dispuesto a suplir cualquier necesidad, como acomodar las sillas, entonces tendrá muchas oportunidades para servir.

Entonces, ¿cómo puede específicamente Jason servir a su iglesia? Si lees el Nuevo Testamento y rodeas con un círculo la frase «unos a otros», pronto tendrás muchos círculos en las páginas de tu Biblia. Todas esas son invitaciones a la obediencia gozosa. Pero permíteme destacar dos mandatos que todos los cristianos pueden obedecer para servir a su iglesia local.

Primero, puedes **practicar la hospitalidad** (1 Ped. 4:9). Invita a personas a tu casa, apartamento o residencia de estudiantes. En Hechos 2:46, leemos: «*Y perseverando*

---

5. Por supuesto, ¡unirte a una iglesia no te vincula a esa iglesia como el matrimonio te vincula a otra persona!

unánimes cada día en el templo, y partiendo el pan en las casas, comían juntos con alegría y sencillez de corazón».
Me encanta cómo este versículo conecta la hospitalidad con el corazón. La hospitalidad es un asunto del corazón, no una cuestión de espacio. Un estudiante universitario que invita a una familia de cinco a cenar en su residencia lo entiende bien. Por tanto, aunque sea pequeña, invita a personas a tu casa.

La segunda forma en que puedes servir fielmente a tu iglesia es **discipular a alguien**, lo que simplemente quiere decir ayudar a alguien a seguir a Jesús. En Mateo 28, Jesús dice que ser un discípulo es ser alguien que hace discípulos. Si bien todos los miembros de la iglesia hacen esto de manera informal, encuentra a alguien con quien puedas reunirte regularmente, y ayúdense mutuamente a seguir a Jesús. Aunque sería estupendo que esta persona sea mayor que tú, no tiene que serlo necesariamente. Por lo general, ayuda que esta persona sea de tu mismo género.

JASON

El culto de la iglesia terminó, y Jason estaba a punto de ayudar a Eddy a recoger las sillas cuando la Sra. Pearl le sujetó de la camisa. Era un poco excéntrica, al menos en la mente de Jason, pero se estaba dando cuenta de que era su excéntrica abuela en Cristo. Eso hizo que esperara para oír lo que tenía que decir.

Ella dejó que el salón se despejara un poco antes de hablar.

—Sabes que conocía a tu padre, hijo —dijo la Sra. Pearl tranquilamente. Sacudió su cabeza con una expresión triste—. Lamento lo que hizo.

Jason estaba sorprendido por lo que dijo, principalmente porque tenía sentido.

—Oh, mmm... sí —dijo Jason mientras titubeaba, buscando las palabras correctas—. Tenía problemas.

—Es verdad —respondió la Sra. Pearl mientras se recostaba. Su tono era igual de dulce que corta su respuesta, a pesar de que Jason dijera algo tan obvio como el color del cielo.

—También tenía algo más.

—¿Qué cosa? —preguntó Jason curioso. ¿Qué era lo que la Sra. Pearl estaba a punto de revelar? ¿Que el papá de Jason tenía otra familia? ¿Que tenía antecedentes penales?

—Arrepentimiento —dijo la Sra. Pearl.

Jason esperaba que la Sra. Pearl dijera muchas cosas, pero no eso.

—Sra. Pearl, yo...

—Hijo, que tu padre se sienta mal no justifica nada de lo que ha hecho. No hay peros que valgan. Pero pensé que podría ayudarte saber que no estaba para nada contento con lo que le hizo a tu familia, al ver cómo el predicador habló de la compasión de Jesús y todo eso. Tu padre conversó conmigo hace algunos años cuando lo vi por última vez, y se moría de arrepentimiento.

Jason no sabía si llorar o reír, pero se quedó allí, tratando de entender.

—De todos modos, sé que lo que hizo los lastimó mucho, a ti y a tu madre, y eso es lo más normal del mundo, cariño. Lo que me ha ayudado a mí es recordar que, en este mundo pecaminoso, algunas cosas simplemente permanecerán rotas.

Jason parecía confundido. ¿Se suponía que esto debía ser alentador? La Sra. Pearl vio la confusión e intentó aclarar lo que quiso decir.

—A lo que me refiero, cariño, es que hay algunas heridas que solo la resurrección puede sanar. Pero Jesús nos va a sanar bien, hijo, nos sanará a todos hasta que quedemos mejor que nuevos. Él limpiará toda lágrima. El predicador dijo que Jesús nos prometió eso.

—Gracias, Sra. Pearl —dijo Jason—. Sinceramente, no sé bien qué decir.

—¡No pasa nada, cariño! Levántate y ayuda a Eddy con esas sillas porque no se plegarán solas —dijo la Sra. Pearl con un guiño.

—Sí, Sra. Pearl —dijo Jason, ahora sonriendo.

Jason ayudó a su hermano Eddy a plegar las sillas. Se dio cuenta de la tarea tan básica que estaba haciendo, en un lugar que parecía estar lleno de personas tan ordinarias y excéntricas. Al mismo tiempo, Jason estaba asombrado por esta nueva familia que Dios le había dado en esta pequeña iglesia local. Pero lo más sorprendente de todo es que sabía que estaba empezando a amarlos como ellos lo amaban, como Dios los amaba.

VERSÍCULO PARA MEMORIZAR

«Y considerémonos unos a otros para estimularnos al amor y a las buenas obras; no dejando de congregarnos, como algunos tienen por costumbre, sino exhortándonos; y tanto más, cuanto veis que aquel día se acerca» (Heb. 10:24-25).

RESUMEN

En este capítulo, aprendimos sobre la Iglesia universal y la iglesia local. En la iglesia, se predica y cree la Palabra de Dios, y los creyentes se bautizan. En la iglesia, se toma la Cena del Señor y se cantan Sus alabanzas. Además, en la iglesia, el pueblo de Dios ora. Los discípulos deben, pues, asistir regularmente, unirse y servir en una iglesia.

¿CUÁL ES EL PUNTO? Los seguidores de Jesús comparten el evangelio con personas que no conocen a Jesús.

CAPÍTULO 7

Evangelismo: Amar a los perdidos

JASON

Jason se sentó con Eddy cuando se reunieron para cenar, y Eddy observaba el menú.

—El pollo suena muy bien, pero...

—Simplemente lo odio —dijo Jason interrumpiendo a Eddy.

—¿Tan malo es? —preguntó Eddy.

—¿Qué? ¡No! —dijo Jason— Odio que Al y Chip no conozcan a Jesús.

—Ah —dijo Eddy, dándose cuenta de que estaban comenzando antes de siquiera pedir—. Cuéntame más —dejó su menú a un lado.

Mientras los dos conversaban, Jason se dio cuenta de lo mucho que deseaba que Al y Chip conocieran a Dios.

—Tu tristeza por tus amigos no es algo malo —dijo Eddy. Le recordó a Jason que el apóstol Pablo tampoco se sentía bien con que las personas rechazaran a Dios— En Romanos 9, Pablo habla de la «gran tristeza» y el «continuo dolor» que sentía porque personas que eran como él no conocieran a Jesús.

Continuó:

—Saber que las personas que amas no aman a Jesús produce una tristeza que realmente no termina para los cristianos, al menos no en esta vida.

—Pero debe haber algo, cualquier cosa, que pueda hacer —dijo Jason.

—Bueno, sí —dijo Eddy— puedes evangelizarlos.

—¿Ah? ¿Evangeli-qué? —preguntó Jason, como si Eddy hubiera hablado en otro idioma.

Eddy sonrió amablemente y le respondió a su joven amigo lentamente.

—Me refiero a que puedes compartirles el evangelio, hermano. Eso es lo que puedes hacer.

> **DETENTE**
>
> ¿Cómo oíste el evangelio por primera vez?

En el último capítulo, vimos la iglesia de Jason y vimos lo que la Biblia dice sobre cómo los cristianos aman a otros cristianos.

Dios también llama a los cristianos a amar a los no cristianos, lo cual guarda más relación con la iglesia de lo que podrías pensar. Vimos en el capítulo 1 cómo los cristianos deben amar a su prójimo, quienquiera que sea ese prójimo. Gálatas 6:10 ordena a los cristianos cuidar especialmente de las personas en su iglesia, pero también dice que los cristianos deben hacer el bien a todos. Génesis 1:26-28 nos dice que *todas las personas han sido creadas a imagen de Dios*, lo que significa que *cada persona es una creación especial* hecha para mostrar cómo es Dios. Todas las personas son dignas de amor. Y, por tanto, Jason quiere compartir el evangelio con sus amigos.

¿Pero cómo? ¿Qué les diría? ¿Debería hablarles de Jesús o es solo trabajo del pastor?

En este capítulo, veremos lo que la Biblia dice sobre el evangelismo y cómo los cristianos deben evangelizar. Este es el último tema en nuestro entrenamiento público, uno que puede marcar la diferencia entre el cielo y el infierno.

¿QUÉ ES EL EVANGELISMO?

Según la Biblia, el evangelismo es *compartir el evangelio con los no creyentes con la esperanza de que se arrepientan de sus pecados y crean en Jesús*. Forma parte de la tarea de todos los cristianos.

Estudiemos esta definición. El evangelismo es...

Compartir el evangelio. Después de hablar de su gran tristeza, Pablo hace una pregunta importante en Romanos 10: ¿Cómo se salvará alguien si no oye el evangelio? El evangelio es un mensaje. Nos aseguraremos de entender ese mensaje correctamente más adelante en este capítulo. Pero por ahora, tenemos que entender que el evangelismo es compartir un mensaje específico: *el mensaje del evangelio*. La raíz de la palabra «evangelismo» es *evangelion*, que es una palabra griega para evangelio (gran parte de la Biblia se escribió originalmente en griego). La palabra «evangelio» literalmente significa *buenas noticias*. En la antigüedad, un soldado que regresaba de la batalla con la noticia de la victoria regresaba con un mensaje de evangelio. Y a través de Su muerte y resurrección, Jesús ha conquistado la muerte para todos los que confían en Él. Ese es el corazón del evangelio bíblico.

Con los no creyentes. A menos que estemos hablando con nosotros mismos, debemos compartir este mensaje con alguien. Es grandioso predicarte el evangelio a ti mismo, y es alentador recordarles a tus hermanos y hermanas cristianos el evangelio. Pero estas audiencias no cuentan como evangelismo. En Lucas 15, Jesús usa una palabra para describir a los que no creen en Él: dice que están *perdidos*. No saben a dónde a van, incluso si piensan que sí; por tanto, *evangelizamos al compartir el mensaje del evangelio con los perdidos*.

Con la esperanza de que se arrepientan de sus pecados y crean en Cristo. Compartimos el mensaje del evangelio con los perdidos, no para mostrar cuán santos somos, o para marcar una casilla en una lista tareas espirituales. ¡Compartimos el evangelio con los perdidos *para que puedan ser encontrados*! ¿Qué sentido tiene entregarle un mapa a alguien si no quieres que sepa a dónde ir? El evangelismo consiste en comunicarle a alguien la mejor noticia *esperando alejarlo del peor lugar, el infierno*. Por tanto, *evangelizamos con la esperanza de ver a las personas alejarse de su pecado y creer en Jesús*.

Y forma parte de la tarea de todos los cristianos. El evangelismo forma parte de lo que significa ser cristiano. No es solo para pastores, extrovertidos o cristianos realmente serios. Jesús ordenó a todos los cristianos hacer discípulos (Mat. 28:20). Sabemos que ese mandato nos incluye porque, en el mismo versículo, Jesús prometió estar con nosotros «hasta el fin del mundo». Jesús está con nosotros por medio de Su Espíritu, el Espíritu Santo, que viene a vivir en nosotros cuando creemos en Jesús. El Espíritu será un factor determinante en nuestro evangelismo, como veremos pronto. Pero primero, tenemos que entender que debido a que Jesús aún no ha regresado, todavía nos queda trabajo por hacer.

Evangelismo
sustantivo
1. Compartir el evangelio con los no creyentes con la esperanza de que se arrepientan de sus pecados y crean en Jesús; parte de la tarea de todo cristiano.

Por tanto, puedes trabajar como agricultor, abogado, mamá o constructor, pero si eres cristiano, **tu trabajo también es compartir el evangelio con los perdidos**. Es ser un testigo (Hech. 1:8), un evangelista. El evangelismo no es lo único que hacemos como cristianos, pero no debe ser algo que nunca hagamos. Todos los cristianos deben evangelizar regularmente.

Pero quizás, al igual que Jason, no estés seguro de cómo evangelizar. No pasa nada. O tal vez seas un cristiano que esté leyendo esto, y te entristezcas porque no has estado compartiendo el evangelio. A lo mejor has guardado silencio pecaminosamente.

Esta es la buena noticia: Podemos confesar nuestra falta de evangelismo a Dios, y disfrutar de la gracia de Su perdón. No esperamos compartir el evangelio a la perfección, sino *confiar en un evangelio perfecto*. La gracia de Dios será lo que en última instancia nos motivará a compartir el evangelio. La culpa puede motivarnos por un tiempo, pero esa motivación no durará. En cambio, cuando conocemos la libertad del perdón de Dios, queremos hablarles a otros de ese perdón.

¿Pero cuál *es* el mensaje del perdón? Asegurémonos de entender correctamente el evangelio, antes de llegar a cómo se comparte.

ENTENDER EL MENSAJE CORRECTAMENTE: ¿QUÉ ES EL EVANGELIO?

Hemos reflexionado sobre el evangelio en todo este libro, pero asegurémonos de conocer una manera de resumirlo rápidamente. Si podemos hacer eso, seremos mejores evangelistas. Hay muchas formas de presentar correctamente el evangelio, pero un resumen sencillo consta de cuatro palabras: Dios, hombre, Cristo, respuesta.

Dios → *Hombre* → *Cristo* → *Respuesta*

El evangelio es la buena noticia sobre Dios. Es Su mensaje. Dios hizo todo, y lo hizo bueno; después de crear al género humano, todo era bueno *«en gran manera»* (Gén. 1:31). Creó al hombre para que gobernara la tierra y la llenara con personas que lo obedecieran y adoraran. Si no sabemos estos hechos básicos, no entenderemos el resto del evangelio. Si no sabemos que Dios es bueno, no comprenderemos por qué el pecado es malo. Si no apreciamos la manera en que el mundo fue hecho, no entenderemos cómo lo convertimos en un desastre. Esto nos lleva a nuestro siguiente punto: el hombre.

Dios → **Hombre** → *Cristo* → *Respuesta*

Aunque Dios era un buen rey, Adán y Eva se rebelaron en su contra. Dado que Adán nos representaba ante Dios, cuando él pecó, nosotros pecamos junto con él. Ese pecado **trajo una maldición sobre el resto del mundo**; toda la creación ahora sufre (Rom. 8:22). Se arruinó la obra. Se rompieron las relaciones: verticalmente, entre Dios y las personas, y horizontalmente, entre unas personas y otras.

> *Todas las personas nacen ahora como pecadoras,*
> *y merecen la muerte*
> *y la separación eterna de Dios,*
> *el sufrimiento bajo Su ira santa* (Sal. 51; Rom. 3).

Pero alabado sea Dios, Jesús vino.
Dios → *Hombre* → **Cristo** → *Respuesta*

Jesús es Dios, el eterno Hijo de Dios el Padre. Él se convirtió en hombre para vivir la vida que nosotros debíamos haber vivido, obedeciendo perfectamente a Dios. Murió la muerte que los pecadores merecíamos en la cruz, y resucitó de entre los muertos tres días después. Así como la muerte y el pecado llegaron a nosotros por medio de Adán, la vida eterna llega a todos los que creen en Jesús (Rom. 5). Después de resucitar de entre los muertos, Jesús ascendió al cielo y ahora reina junto a Dios, y regresará otra vez para finalmente llevar a Su pueblo a casa. Cuando lo haga, disfrutaremos de un mundo nuevo, uno incluso mejor que el original que arruinamos. Pero *los enemigos de Dios serán arrojados para sufrir en el infierno por siempre.*

Dios → Hombre → Cristo → **Respuesta**

El evangelio exige una respuesta. O creemos en este evangelio o nos alejamos de él, no hay una opción neutral. Debemos aclarar esto a las personas que evangelizamos. No deberíamos hablarles sobre Dios, el hombre y Cristo, y dejarles creer que se trata de una de las muchas opciones religiosas que existen. Al contrario, debemos invitarlos a creer en Cristo, el único camino a Dios (Juan 14:6). Incluso deberíamos rogar a las personas que lo hagan (2 Cor. 5:20). Como escribió J. I. Packer: «[Evangelizar] no es solo un asunto informativo, sino también una invitación».[1] El evangelio solamente son buenas noticias para los que creen en él. Cuando Jesús anunció el evangelio, lo hizo exigiendo una respuesta: «*Arrepentíos, y creed*» (Mar. 1:15).

Entendimos, pues, el evangelio. ¿Pero cómo lo compartimos? Lo que sigue a continuación son principios bíblicos para guiar nuestro evangelismo.

COMPARTIR EL MENSAJE CORRECTAMENTE: ¿CÓMO COMPARTO EL EVANGELIO?

Muchas cosas se confunden con el evangelismo; por lo que es necesario que aclaremos de qué estamos hablando. Podemos decir que *no es esto, sino esto...*

---

1. Packer, J. I.: *Sovereignty of God*, p. 53 (Downers Grove, IL: InterVarsity, 2008) [Libro también disponible en español: *El evangelismo y la soberanía de Dios* (Publicaciones Faro de Gracia, 2019)].

No es esto: un testimonio

Cuando compartimos el evangelio, no estamos hablando de compartir tu testimonio. Un testimonio es la historia de cómo un cristiano se convirtió. Para ver un ejemplo bíblico de un testimonio, observa cómo Pablo habla del cambio en su vida en Filipenses 3 o Hechos 22.

Algunos cristianos tienen testimonios dramáticos porque vivieron claramente en contra de Dios, y Él los salvó de una forma increíble. Si eres uno de estos cristianos, cuando escribas tu testimonio, habla discretamente de tu pecado antes de conocer a Jesús. Algunos cristianos, a menudo con la mejor de las intenciones, describen de manera gráfica su pecado para mostrar hasta dónde llegó Dios para salvarlos. *Pero las personas no necesitan saber todos los detalles escabrosos para saber que eras un gran pecador y que Dios es un gran Salvador.* Por tanto, no tienes que contarlos todos (Ef. 5:12).

JASON

> Jason recordaba que cuando solía hablar de más cuando era niño, la Sra. Pearl le decía: «Hijo, no tienes que decir todo lo que sabes». Haríamos bien en tomar su consejo.

Algunos cristianos dicen tener «testimonios aburridos», la clase de testimonio que todo padre cristiano quiere que su hijo tenga. Estos cristianos no recuerdan *no* creer en Cristo. Si eres uno de estos cristianos, *ten cuidado con restarle importancia a la obra de Dios en tu vida.* ¡Él te ha dado un nuevo corazón y evitó que ese corazón se extraviara durante mucho tiempo! Todos los cristianos tienen una historia que contar de la sublime gracia de Dios en sus vidas.

> **DETENTE**
>
> ¿Has escrito tu testimonio antes y lo has compartido con alguien? ¿Hay alguien con quien puedas compartir tu historia? Si nunca lo has escrito, hazlo. Describe cómo era tu vida antes de conocer a Jesús, y cómo ha cambiado tu vida desde entonces.

Sino esto: contar la historia de Dios

Aunque nuestras historias pueden ser geniales, la historia de Dios es aún mejor. Compartir nuestros testimonios es maravilloso, pero compartirlos con alguien no es lo mismo que compartir el evangelio. De donde vengo, las personas se alegran por cualquier cosa que le dé a alguien un sentido de dirección o propósito en la vida. A la gente no le importaría si dijera que fue la lámpara de mi sala la que me ayudó a seguir adelante. Pero cuando le decimos a alguien que también es un rebelde que necesita arrepentirse, ahí es cuando llegamos al punto de partida en nuestro evangelismo.

No es esto: apologética, un sentimiento de culpa o trucos de magia

Cuando compartimos el evangelio, tampoco estamos hablando de defender el evangelio. Eso se llama apologética, y con frecuencia es la conversación que sigue luego de compartir el evangelio. La apologética es maravillosa, y estamos llamados a defender nuestra fe (1 Ped. 3:15). Pero defender el evangelio y compartir el evangelio son cosas diferentes.

Además, *cuando compartimos el evangelio, no estamos simplemente tratando de hacer que las personas se sientan mal por sus pecados.* **El Espíritu Santo produce convicción de pecado**, nosotros no podemos. Tampoco podemos convencer a alguien para que crea en el evangelio con un método en particular. Al final, ¡que alguien crea en Jesús no depende de nosotros! Esto definitivamente debería animarnos al evangelizar.

Entonces, cuando hablamos del evangelismo, no estamos hablando de un proyecto en solitario, como si todo dependiera de nosotros, o de una manera de comunicar el evangelio correctamente.

> Algunas personas se salvan después de oír el evangelio una sola vez;
> algunas personas se salvan después de haberlo oído un montón de veces.
> Algunas personas se salvan escuchando sermones;
> algunas se salvan después de un montón de conversaciones con un amigo.
> No existe una forma mágica de convencer a alguien de la verdad del evangelio.

Sino esto: la siembra fiel

Nuestra tarea es plantar la semilla y dejar que Dios dé el crecimiento (1 Cor. 3:6). Compartimos el mensaje de la gracia de Dios como personas que han experimentado esa gracia. Lo hacemos como evangelistas humildes, compasivos y alegres que confían en que Dios es quien salva.

El evangelismo necesita a Dios, pero también puede involucrar a nuestros hermanos y hermanas. En el capítulo anterior, vimos por qué la iglesia es tan importante para los cristianos. No hablamos del propósito evangelístico de la iglesia, y no me refiero a su papel de ofrendar para los misioneros y enviarlos por todo el mundo, aunque las iglesias deban hacer eso. Estoy hablando de cómo **Dios dice** que nuestro amor a otros cristianos le mostrará al mundo que somos discípulos de Jesús (Juan 13:35). Estoy hablando de cómo **Dios dice** que la unidad entre los cristianos enseñará a otros de Jesús (Juan 17:20). Estoy hablando de cómo **Dios ordena** a Su pueblo vivir vidas tan santas que los no creyentes tengan un motivo por el cual alabar a Dios cuando Él regrese (1 Ped. 2:12).

Esto no significa que «predicamos el evangelio, y si es necesario, usamos las palabras», como dicen algunas personas. **El evangelio *es* palabras** y **no hay evangelio sin palabras**. Pero si intentamos compartir el evangelio sin amor a nuestros hermanos y hermanas, entonces nos privamos de una de las imágenes más poderosas que Dios usa para enseñar a los no cristianos sobre Él. ¿Dónde más pueden las personas ver claramente el amor, la unidad y la santidad entre los cristianos?

JASON

—¡Eso es exactamente lo que está pasando con Chip! —dijo Jason a Eddy—. Él ve nuestra amistad, y eso le demuestra cómo es Dios. ¡Está viendo que somos discípulos!

—Alabado sea Dios —dijo Eddy, con una sonrisa—. ¿Por qué no le compartes el evangelio para que también pueda convertirse en un discípulo? Y ese otro amigo tuyo, Al, recuérdame, ¿es cristiano?

—Al es mi hermano —dijo Jason—, mi hermano de sangre. Pero sí, cuando era niño se consideraba cristiano. Pero cuanto más crecía, más parecía amar el pecado. A diferencia de Chip, Al no ha estado para nada interesado en el evangelio.

—Ah, te entiendo —dijo Eddy, sacudiendo su cabeza—. Me recuerda a Demas.

—¿Quién? —preguntó Jason.

—Uno de los amigos del apóstol Pablo que lo abandonó. Pablo dijo que él amaba a este mundo. ¿Qué te parece eso como inscripción para tu lápida?

—Espero que la de Al diga algo diferente —Jason hizo una pausa por un momento—. Oye, anteriormente hablamos de la tristeza que no desaparece. ¿Realmente no hay nada que podamos hacer al respecto?

Eddy le explicó a Jason que, aunque los cristianos no queramos dejar de preocuparnos por el estado espiritual de alguien, podemos estar en paz con el hecho de no que podemos hacer nada más para convencer a algunas personas.

—Nuestra esperanza no se basa en los resultados de nuestro evangelismo —dijo Eddy—, se basa en que Dios es bueno y justo en todo lo que hace, y en que Sus planes son mejores que los nuestros. ¡Y debemos mantener la esperanza! Nuestra tristeza desaparecerá en el cielo, ¿y quién sabe lo que Dios puede hacer con las semillas que sembramos hasta entonces? Había un pastor que dijo: «¡La semilla [que plantamos] puede permanecer bajo tierra hasta que estemos allí, *y luego brotar*!».[2]

—Te estás poniendo todo poético ahora —dijo Jason.

Eddy se echó a reír.

—Bueno, déjame intentar otra ilustración entonces. En cuanto al evangelismo, algunos de nosotros somos los que plantamos las semillas, otros somos los que regamos las semillas y otros somos los que vemos la cosecha. Pero la cuestión es esta: ninguno de nosotros tiene una vista panorámica del jardín de Dios. Algunos podemos sentir que estamos arrancando malezas, y otros ver las cosas florecer, pero todos estamos trabajando juntos.

Eddy continuó explicándole que desear ver el fruto de nuestro evangelismo es algo bueno. Juan 15 dice que produciremos frutos si creemos en Jesús. Pero nunca promete que los frutos serán personas que crean en Él gracias a nuestro evangelismo. No obstante, Eddy le explicó a Jason que lo que importa es la fidelidad, no los resultados. Animó a Jason a asombrarse de que Dios siquiera lo use para compartir las mejores noticias del mundo (2 Cor. 5:20). Animó a Jason a ver cómo

---

2. Bridges, Charles: *The Christian Ministry* [El ministerio cristiano], p. 75. (Carlisle, PA: Banner of Truth, 2009).

el evangelismo es un privilegio maravilloso, pero una carga horrible si creemos que todo el peso de la salvación de alguien recae sobre nosotros. Jason y Eddy hablaron de las veces en que Pablo estuvo desanimado en su evangelismo, y de cómo Dios incluso usó a pésimos evangelistas como Jonás. Hablaron sobre ser rechazados en su evangelismo, y de las tentaciones que vienen por no querer ser rechazado.

—Es tentador hacer algo que siempre obtenga una respuesta. Algunas personas incluso cambiarán el evangelio para que sea más fácil de digerir —le dijo Eddy a Jason—. Pero entiende esto, hermano, si cambiamos el evangelio, lo perdemos. Cuando sientas la tentación de cambiar las cosas para que el evangelismo parezca más fácil, es cuando tienes que decidir si permanecerás fiel o no.

—¿Pero qué pasa si Chip me pregunta cosas que no sé?

—¡¿Y qué?! —dijo Eddy—. Jason, que no lo sepas todo no significa que no sepas nada. Conoces el evangelio, y siempre puedes decirle que indagarás al respecto y le darás una respuesta. Así que incluso si tienes miedo, confía en Dios y predícale el evangelio. Moisés tuvo miedo de comunicar el mensaje que Dios le dio, pero mira lo que hizo Dios.

—Me gusta eso, no preguntar «qué pasa si», sino decir «incluso si». ¿Está eso en la Biblia?

—No. Esa es solo la sabiduría del viejo Eddy.

—Oh, ¡venga ya! —dijo Jason.

Jason sabía que un día la tristeza que sentía por sus amigos terminaría, pero hasta entonces, tendría que ejercitarse para amar a Dios y a su prójimo.

VERSÍCULO PARA MEMORIZAR

«Yo planté, Apolos regó; pero el crecimiento lo ha dado Dios» (1 Cor. 3:6).

RESUMEN

En este capítulo, aprendimos sobre una parte muy importante en la descripción de trabajo de los cristianos: el evangelismo. El evangelismo es compartir el evangelio con los no creyentes con la esperanza de que se arrepientan de sus pecados y crean en Jesucristo. El mensaje del evangelio puede resumirse en cuatro palabras: Dios, hombre, Cristo y respuesta, y cuando hablamos de compartirlo, no nos referimos a *ese* consejo o truco, sino a *esa* presentación fiel.

Conclusión
¡Nunca te recuperes!

Hubo una vez un médico cristiano que corrió bien su carrera. Pero lo que es aún más importante, la terminó bien. Su nombre era Martyn Lloyd-Jones, y su hija, Lady Catherwood, lo admiraba. Cuando le preguntaron por qué el ministerio de su padre fue tan eficaz, ella dio esta respuesta:

«Él nunca se recuperó del hecho de que Dios lo salvó».

No pases por alto la feliz ironía: el médico no supo cómo recuperarse. Dios lo sanó de su enfermedad espiritual, lo transformó de un enemigo hostil a un hijo real. Esto nunca pasó a ser un acontecimiento más en la vida del médico, como recibir una tarjeta de agradecimiento o graduarse de un curso. Sencillamente, el regalo de la salvación afectó toda la vida del médico. Aunque Dios se la concedió bondadosamente, el médico nunca dio la salvación por sentado.

Que por la gracia de Dios veamos nuestra fe cristiana de esta manera. Que nunca nos recuperemos de la obra salvadora de Dios en nuestras vidas. Que entremos en el cielo aún conmovidos por haber sido salvados. Sin duda, mientras estemos aquí en la tierra, tendremos temporadas agrias en la vida, en las cuales la salvación no parecerá tan dulce. Sin embargo, oremos para que siempre podamos disfrutarla en nuestros corazones. Trabajemos siempre, por la gracia de Dios, para probar y ver que el Señor es bueno. Trabajemos para seguir disfrutando de los principios básicos de la vida cristiana: amar a Dios y al prójimo, escuchar a Dios a través de Su

Palabra, hablar con Dios en oración, adorar a Dios con nuestras vidas, animar a nuestros hermanos y hermanas en la iglesia y compartir el evangelio con los perdidos. Después de todo, hermanos, nunca nos graduamos de lo básico, y el momento en que pensemos haberlo hecho, será el momento que demuestre que no ha sido así. Por supuesto, hay una manera incorrecta de escuchar la historia del médico agradecido y eficiente. Lo importante con lo que debemos quedarnos es que la gracia de Dios es lo que debe sorprendernos, no cuán eficientes podemos ser en Su nombre. El propósito de este libro es conocer y disfrutar más de la gracia de Dios y ver cómo las disciplinas espirituales nos ayudan a hacerlo.

Nuestra meta no es la efectividad ni la perfección. Nuestra meta es simplemente conocer a Jesús, y participar en Sus sufrimientos, ser semejantes a Él en Su muerte, a fin de llegar a la resurrección de entre los muertos (Fil. 3:8-11). Por tanto, terminemos la carrera. Peleemos la buena batalla. Que podamos llegar a casa en el cielo y maravillarnos de estar allí.

«En Jehová se gloriará mi alma», dice el Salmo 34:2. Y el que se gloríe, que se gloríe en esto: en que conoce a Dios.

Hermanos y hermanas, que lo conozcamos cada vez más. Y que nunca nos recuperemos.

*«Porque la gracia de Dios se ha manifestado para salvación a todos los hombres, **enseñándonos** que, renunciando a la impiedad y a los deseos mundanos, vivamos en este siglo sobria, justa y piadosamente, aguardando la esperanza bienaventurada y la manifestación gloriosa de nuestro gran Dios y Salvador Jesucristo, quien se dio a sí mismo por nosotros para redimirnos de toda iniquidad y purificar para sí un pueblo propio, celoso de buenas obras»* (Tito 2:11-14).